Hubertus Ott

100 Übungen für Westernreiter

Aufgaben für Training und Unterricht

Band I

BUFFALO VERLAG

Hubertus Ott

100 Übungen für Westernreiter – Band I
– Aufgaben für Training und Unterricht

ISBN 978-3-9809141-2-3

© Buffalo Verlag, Verden/Aller

1. Auflage 2009
2. Auflage 2010
3. Auflage 2012
4. Auflage 2014
5. Auflage 2019

Redaktion: Ute Tietje
Lektorat: Prof. Dr. Günter Lehmann
Cover Layout: Nils Heise
Graphiken: Hubertus Ott und Ute Tietje

Inhaltsverzeichnis

Vorwort

Mit der zunehmenden Organisation des Westernreitsports ist die Ausbildung weiter in den Vordergrund gerückt. Die Einbindung der Western Abzeichen und Lizenzen in die Ausbildungsordnung (APO) der Deutschen Reiterlichen Vereinigung (FN) waren entscheidender Anstoß für eine systematische Reitschüler-Ausbildung.

Gerade im Anfänger- und Breitensportbereich hat es sich inzwischen bewährt, eine gewisse Ordnung und Disziplin aus dem konventionellen Bereich zu übernehmen.

Die Übernahme von Prinzipien und Lektionen aus dem klassischen Bereich sollte den Westernreiter nicht verunsichern, seine Reitweise behält ihren besonderen Reiz. Die Zielsetzung besteht u.a. darin, ein entspanntes Pferd am lockeren Zügel auch in schwierigen Manövern vollkommen kontrolliert, aber scheinbar lässig vorzuführen.

Die Übungen in diesem Buch sind in aufsteigendem Schwierigkeitsgrad geordnet, so dass sie helfen sollten, das Training methodisch zu organisieren. Ziel ist eine systematische Ausbildung von Reiter und Pferd, die nicht nur zu entsprechenden Leistungen im Turniersport führt, sondern auch dem Geländereiter genussvollere Ritte verspricht.

Neben Übungen, wie sie hier vorgeschlagen werden und die sich auf ein konkretes Lernziel konzentrieren, ist natürlich das Reiten von zusammenhängenden längeren Abschnitten in gleichmäßigem Tempo unbedingt erforderlich. Ebenso notwendig ist die Korrektur des Reiters, seines Sitzes, seiner Balance, seines Timings und der dosierten Hilfengebung durch einen kompetenten Trainer.

Bahnbezeichnungen

Reitprüfungen werden in Reitbahnen abgehalten, deren übliches Maß 20 x 40 m beträgt. Deshalb sollte man für das Training auch diese Fläche zur Verfügung haben. Größere Plätze sind für das Training natürlich sehr gut, aber für die meisten Westernprüfungen nicht erforderlich.

Bahnbezeichnungen (Buchstaben und Punkte) sind für die Formulierung von Aufgaben und den Unterricht notwendig. Das Reiten nach Bahnpunkten unterstützt das exakte Bestimmen des Pferdes in der Richtung und bereitet gut auf Prüfungen vor.

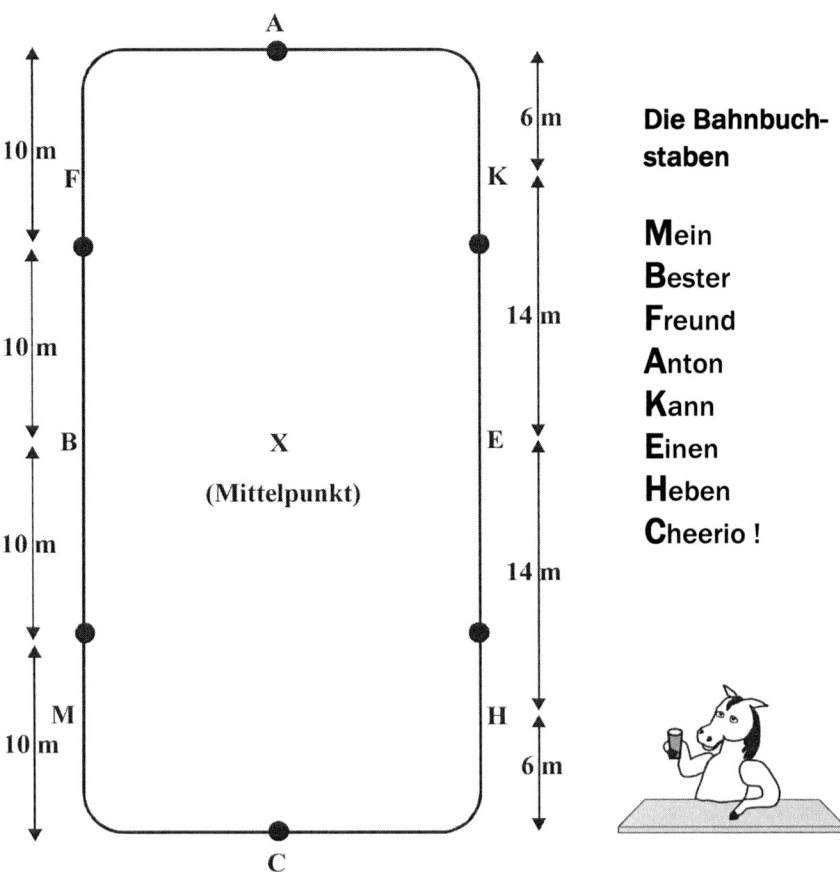

Die Bahnbuchstaben

Mein
Bester
Freund
Anton
Kann
Einen
Heben
Cheerio !

Bahnfiguren auf der ganzen Bahn

Bahnfiguren erleichtern die Ordnung in der Bahn und die Organisation des Unterrichts.

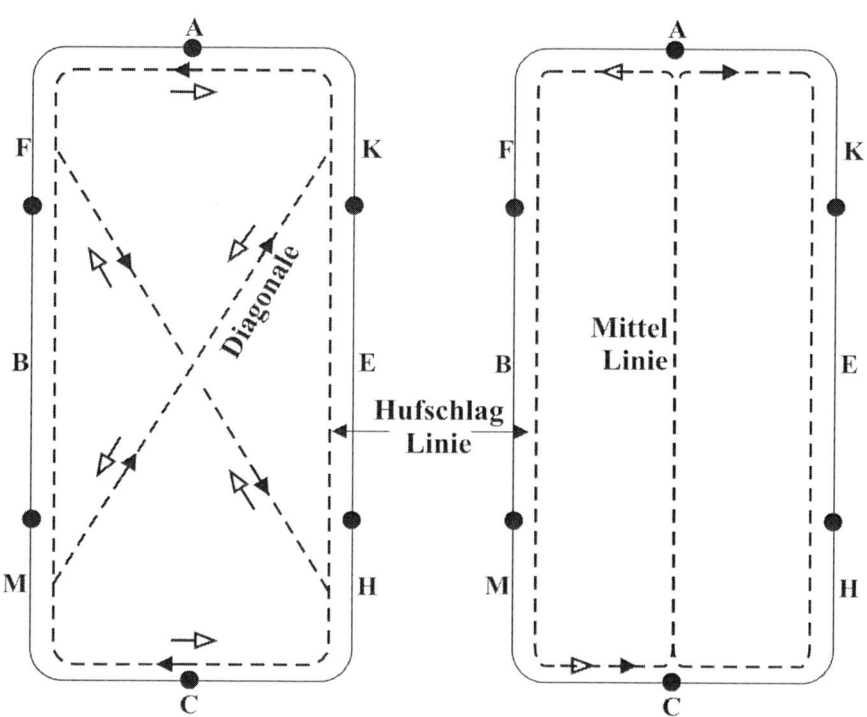

Durch die ganze Bahn wechseln
– von **H** nach **F** oder umgekehrt
– von **M** nach **K** oder umgekehrt

Durch die Länge der Bahn wechseln
– von **C** nach **A** oder umgekehrt
  (mit Handwechsel)

Durch die Länge der Bahn reiten
– von **C** nach **A** oder umgekehrt
  (ohne Handwechsel)

Bahnfiguren auf dem Zirkel

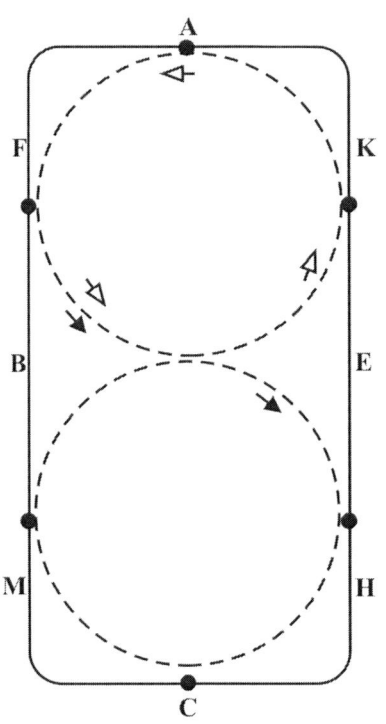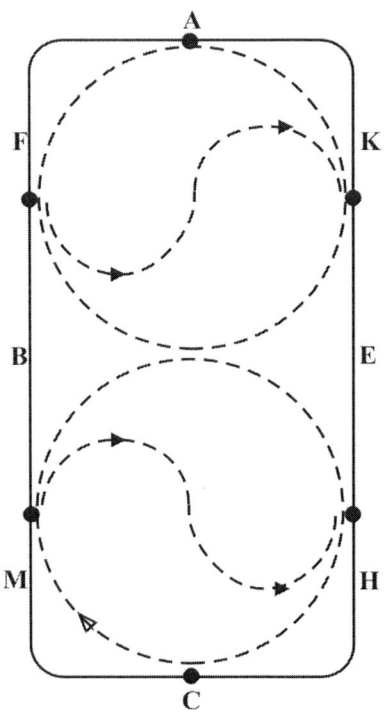

Auf dem Zirkel reiten
- Zirkel bei C oder bei A

Aus dem Zirkel wechseln
– von einem Zirkel in den
  anderen wechseln

Durch den Zirkel wechseln
– von der offenen Seite zur ge-
  geschlossenen Seite, also in
  Richtung C oder A

⇨ Im Training kann man auch an beliebiger Stelle durch den Zirkel wechseln.

Volten und Kehrtvolten

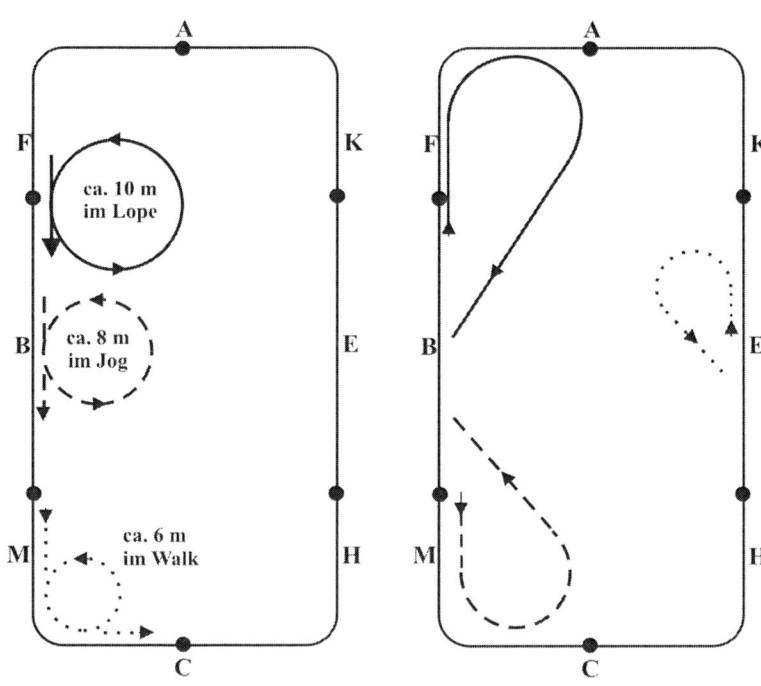

Ganze Volten
– an beliebiger Stelle

Oder z.B.:
– beim Zirkelpunkt
– bei B
– in der nächsten Ecke

Kehrtvolten (Tear-drop-turn)
– an beliebiger Stelle

Oder z.B.:
– bei E
– in der nächsten Ecke
= aus der nächsten Ecke kehrt

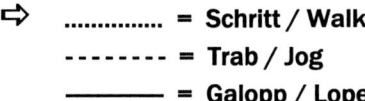 .... = **Schritt / Walk**

------- = **Trab / Jog**

——— = **Galopp / Lope**

Die **Kehrtvolte** ist die übliche Form der Wendung beim Kommando "**Reverse**" in der Western Pleasure und der Western Horsemanship.

Bahnregeln

Bahnregeln sollen helfen, dass Reiter ohne gegenseitige Behinderung gemeinsam reiten und trainieren können. Eingehalten verhindern sie Rempeleien oder gar Zusammenstöße.

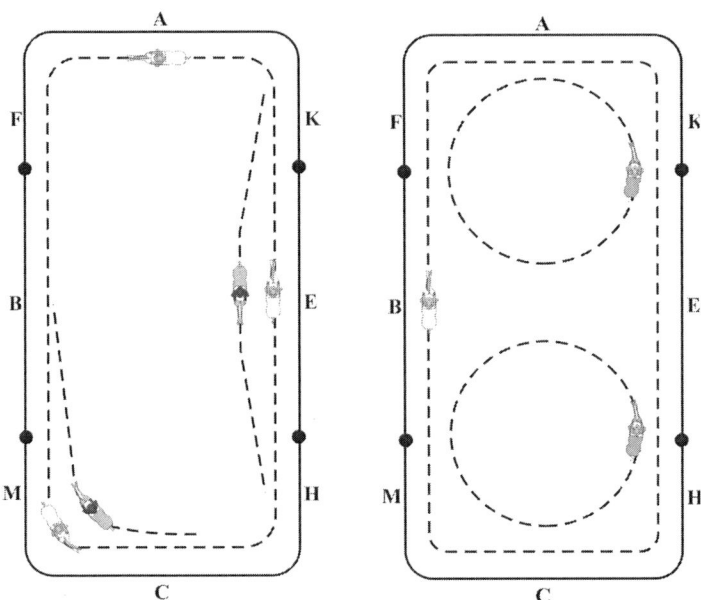

Beim Reiten auf der **ganzen Bahn** bleibt der Reiter auf der **linken Hand** auf dem Hufschlag. Der Reiter auf der **rechten Hand** weicht nach innen aus.
Zirkel sind so anzulegen, dass Reiter, die auf der **ganzen Bahn** reiten, nicht behindert werden.

Reiter, die länger im Schritt bleiben möchten, sollten nach innen gehen. Reiter, die eine Pause machen, halten am besten im Mittelpunkt eines Zirkels.

⇨ **Bist du fremd in einer Reitgemeinschaft, dann erkundige dich nach den dort üblichen Bahnregeln!**

Bahnpunkte beachten

Bei der Bahnfigur „**Durch die ganze Bahn wechseln**" sollte die Ansage erfolgen, bevor die Reiter C oder A erreicht haben !

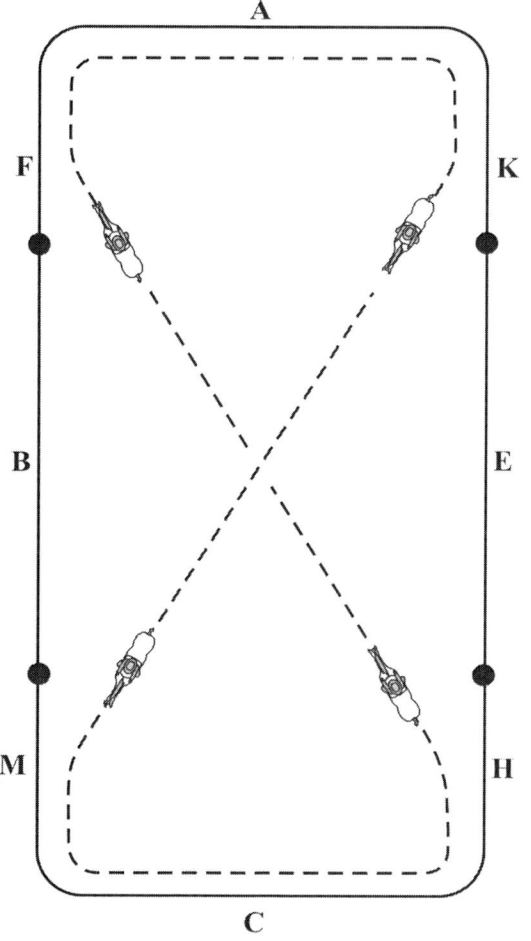

Eselsbrücke:

Du kannst nur auf den Linien zwischen:

Hi-Fi und **Kilo-Meter**

wechseln. (in beiden Richtungen natürlich)

⇨ Beim Leichttraben sollte man auf der Wechsellinie rechtzeitig den Fuß wechseln, damit man bei Erreichen des neuen Hufschlags und Einleiten der neuen Biegung bereits auf dem richtigen Fuß trabt.

Reiten nach Bahnpunkten auf anderen Linien

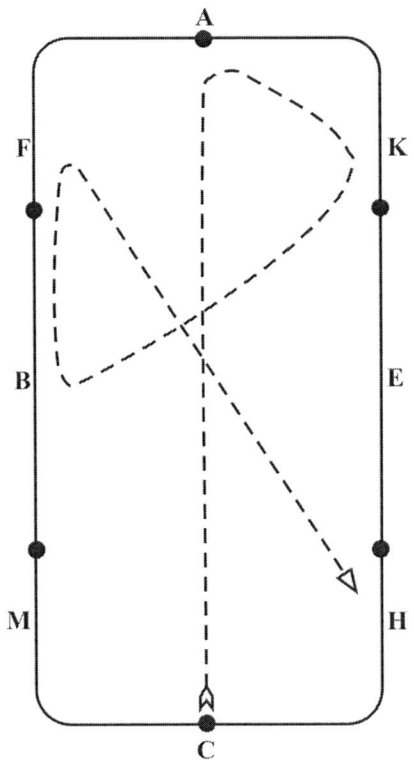

Reite zu den angesagten Bahnpunkten von:

Cäsar zu
Anton, anschließend zum
Kaufmann, dann zu
Berta, weiter zu
Friedrich und dann zu
Heinrich

⇨ **Schau stets und frühzei-
tig dorthin, wohin du reiten willst!**

Aufgaben für junge Reiter:

Als kleine Reitaufgaben oder Reiterspiele können solche Aufgaben auch
gestaltet werden als "Reiten nach Gegenständen", die am Zaun aufgestellt
sind:
Autoreifen, Kegel, Eimer, Hut, Campingtisch, Mülltonne, Ball, Fahne oder
andere mit diesen Buchstaben beginnende Gegenstände.

Reiten durch Pylonen-Tore

Der Abstand zwischen den Pylonenpaaren beträgt 1 m.

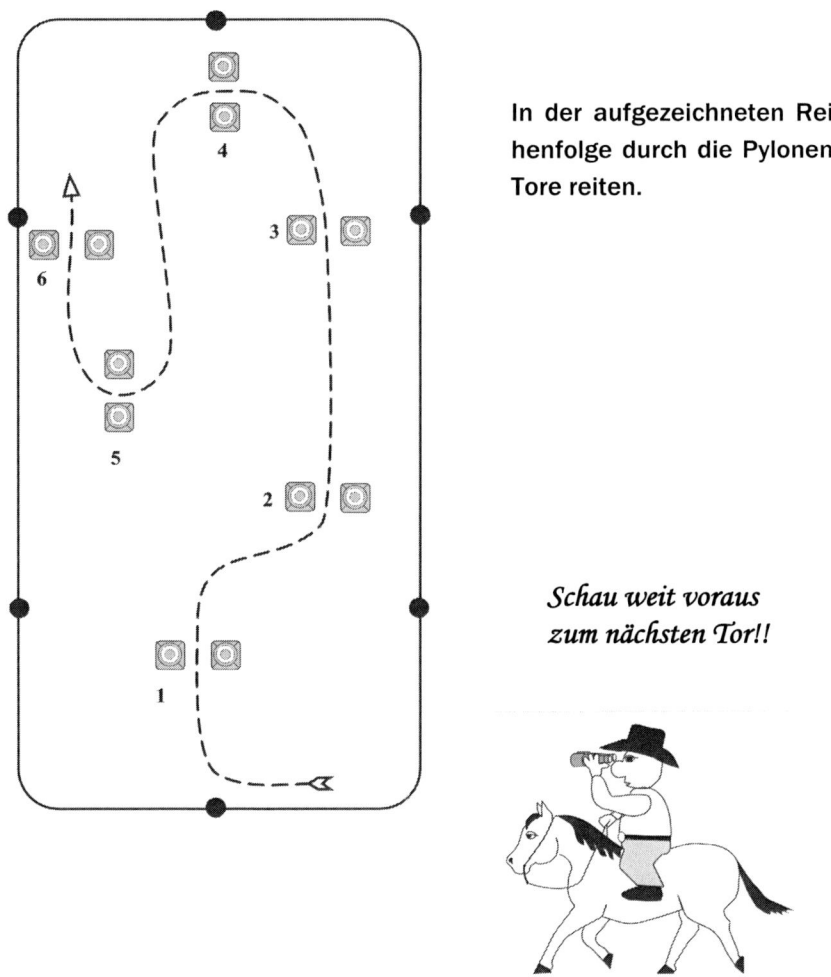

In der aufgezeichneten Reihenfolge durch die Pylonen-Tore reiten.

Schau weit voraus zum nächsten Tor!!

⇨ **Achte darauf, das Pferd nicht mit einem Zügel in die neue Richtung zu ziehen, sondern es mit den Schenkeln und beiden Zügeln zu führen!**

Reiten nach Buchstaben und Pylonen

Zunächst diese Übung im Walk reiten. Wenn das gut geht, versuche die Übung im Jog zu reiten.

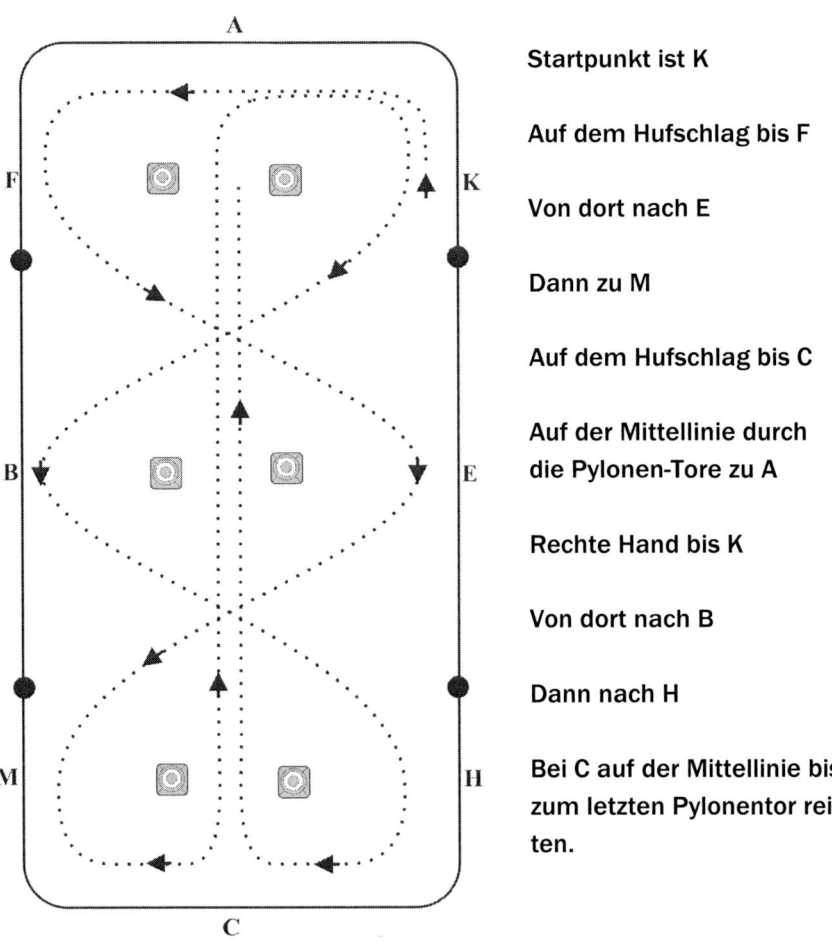

Startpunkt ist K

Auf dem Hufschlag bis F

Von dort nach E

Dann zu M

Auf dem Hufschlag bis C

Auf der Mittellinie durch die Pylonen-Tore zu A

Rechte Hand bis K

Von dort nach B

Dann nach H

Bei C auf der Mittellinie bis zum letzten Pylonentor reiten.

Korrekte Linien auf dem 2. und 3. Hufschlag

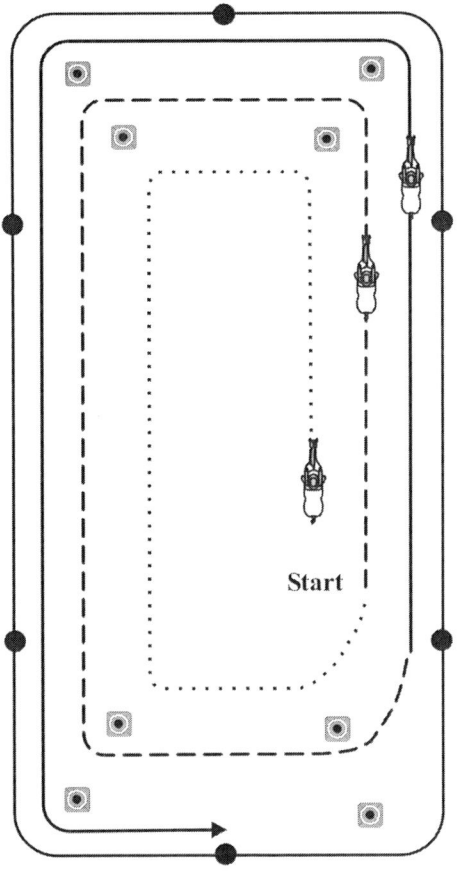

Grenze den jeweiligen Hufschlag durch Pylonen ein.

Reite auf dem 3. Hufschlag im Walk eine ganze Runde.

Reite dann auf dem 2. Hufschlag im Jog eine ganze Runde.

Reite anschließend eine Runde im Lope auf dem 1. Hufschlag.

⇨ **Schau voraus und richte dich nach den Pylonen !**

Systematische Arbeit mit Volten

Reite die Übung in der vorgegebenen Reihenfolge in Walk und Jog.

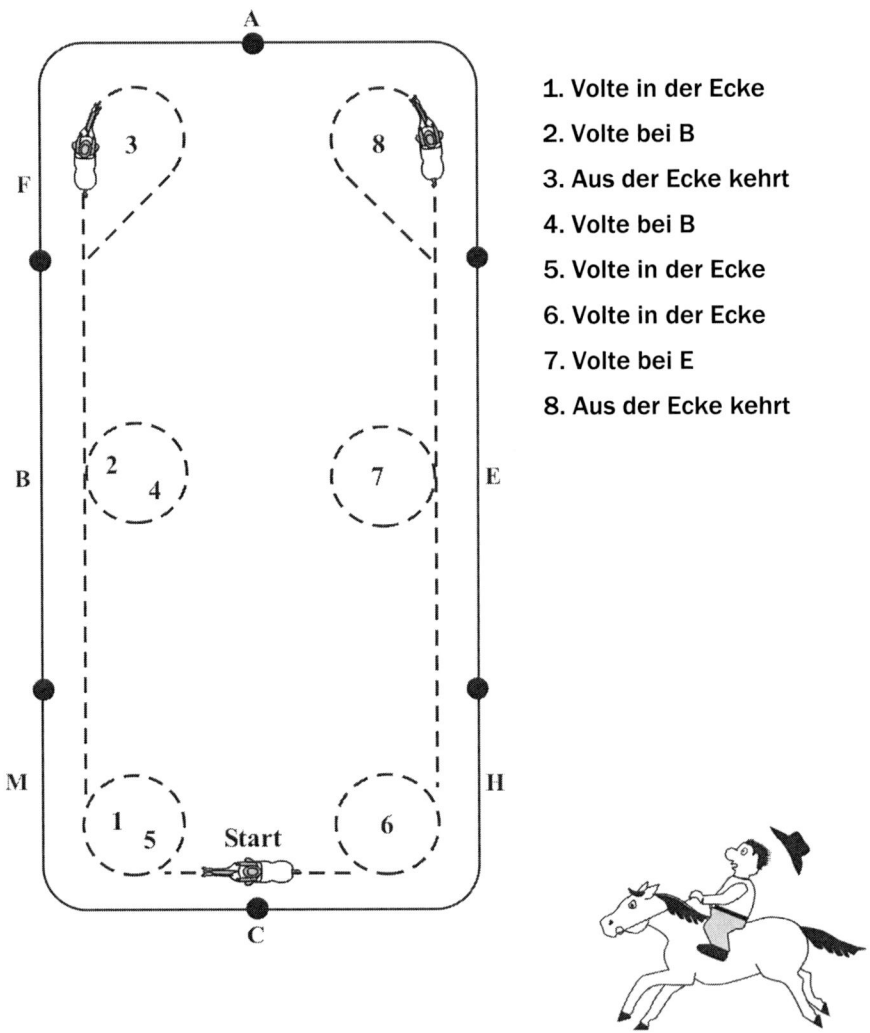

1. Volte in der Ecke
2. Volte bei B
3. Aus der Ecke kehrt
4. Volte bei B
5. Volte in der Ecke
6. Volte in der Ecke
7. Volte bei E
8. Aus der Ecke kehrt

➪ Dies ist eine gute Versammlungsübung und förderlich für Pferde, die etwas zu schnell gehen und zu wenig untertreten.

Enge Wendungen an der kurzen Seite

Reite die Übungen im Walk und Jog an der kurzen Seite der Bahn.

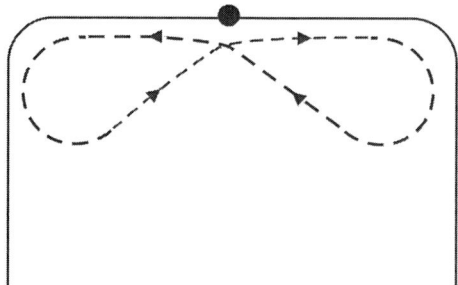

Kehrtvolten

Richte dein Pferd zwischen den wechselnden Biegungen gerade!

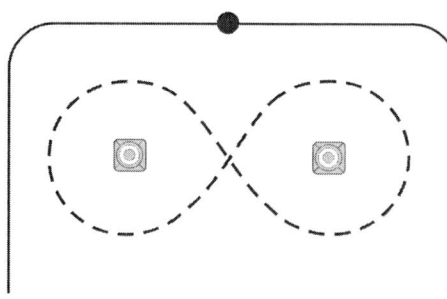

„Acht"

Schau auf die Pylonen!

Wirf das Pferd nicht in die Wendungen!

⇨ Bei diesen Übungen kommt es vermehrt auf Schenkelkontrolle an. Das Pferd soll nicht in die Wendungen gezogen werden, sondern mit der Hand gestellt und mit dem Schenkel geführt werden.

Slalom

Übe zunächst im Walk, später im Jog.

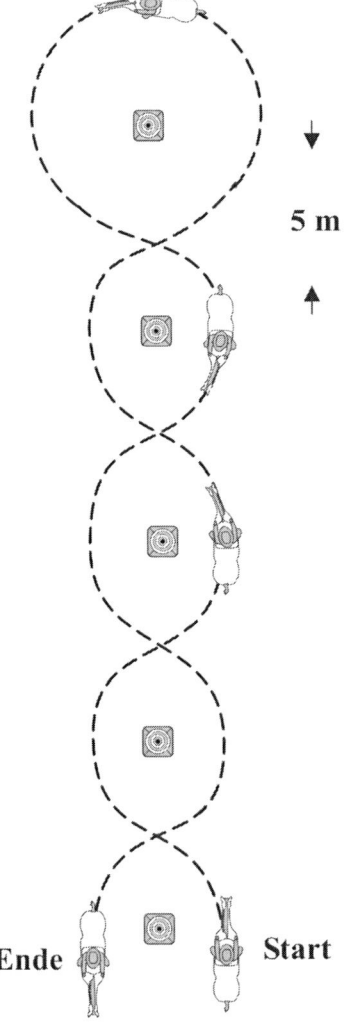

5 m

Versuche an den ersten vier Pylonen möglichst knapp vorbei zu kommen. Reite aber um die letzte Pylone eine gleichmäßige Volte.

⇨ **Bei dieser Übung muss das Pferd auf schnell wechselnde Biegungen eingestellt werden.**

Kommt mir vor wie Hula-Hula!

Die unsichtbare Longe

Diese Übung sollte in allen drei Gangarten geritten werden. An Stelle der Pylone kann auch der Reitlehrer in der Mitte stehen und den Schüler immer wieder auffordern, zu ihm zu schauen.

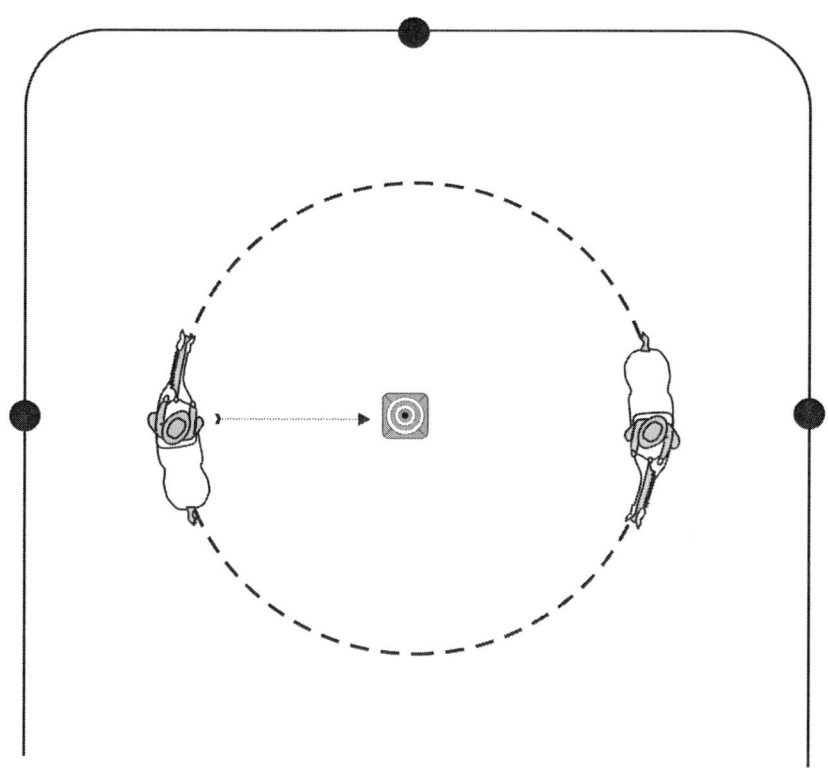

⇨ Um einen gleichmäßigen Zirkel zu reiten, behalte die Pylone in der Mitte im Auge und halte stets den gleichen Abstand zu ihr.

Zirkel unterschiedlicher Größe

Diese Übung sollte in allen drei Gangarten geritten werden. Reite auf den beiden Zirkeln unterschiedlicher Größe, wechsle zwischen den beiden Zirkeln.

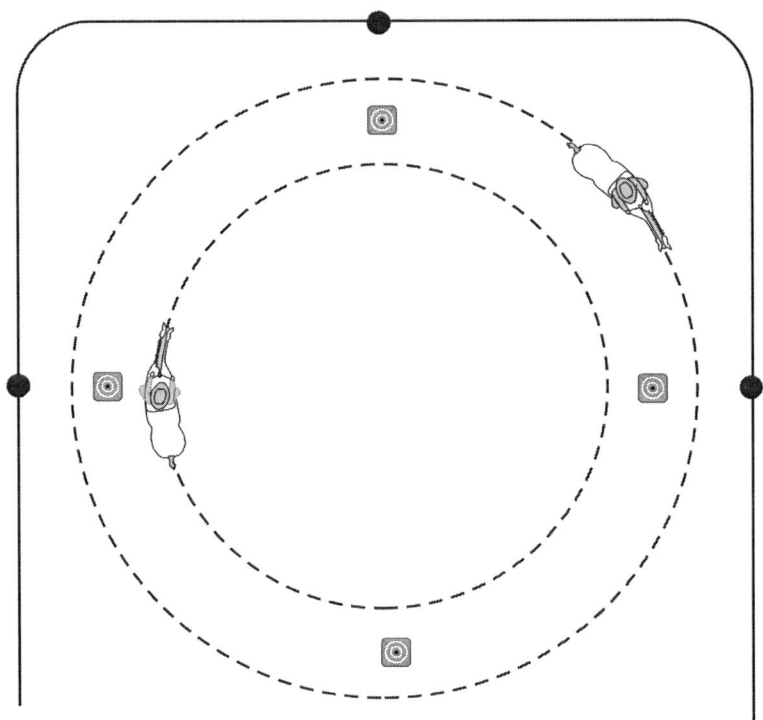

⇨ **Führe das Pferd deutlich mit den Schenkeln. Zur Unterstützung kann der innere Zügel beim Vergrößern des Zirkels und der äußere beim kleineren Zirkel spürbar an den Hals des Pferdes gelegt werden.**

Das Schneckenhaus

Diese Übung, „Zirkel verkleinern" und „Zirkel vergrößern" genannt, kann im Walk oder Jog geritten werden.

Beginne mit einem Zirkel normaler Größe. Dann verkleinere jeden Zirkel um ca. einen Meter, bis du spürst, dass es deinem Pferd schwer fällt. Vergrößere den Zirkel auf die gleiche Art und Weise.

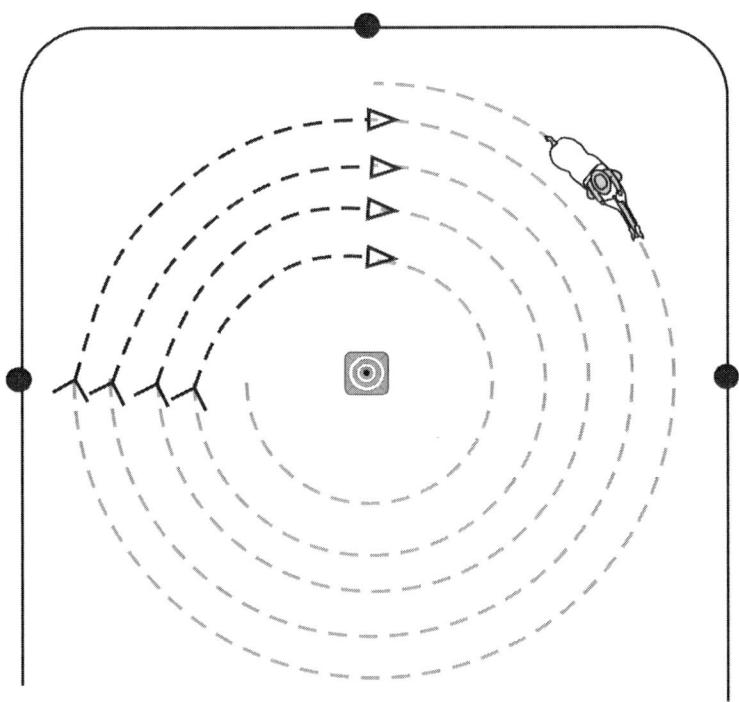

⇨ Reite dein Pferd mit den Hilfen von außen nach innen, das heißt, der äußere Schenkel und der äußere Zügel bestimmen den Zirkel, der innere Schenkel und der innere Zügel halten die Biegung aufrecht.

Handwechsel im Schneckenhaus

Im kleinsten Zirkel des „Schneckenhauses" reitest du eine halbe Volte nach außen und kommst so wieder auf den größten Zirkel.

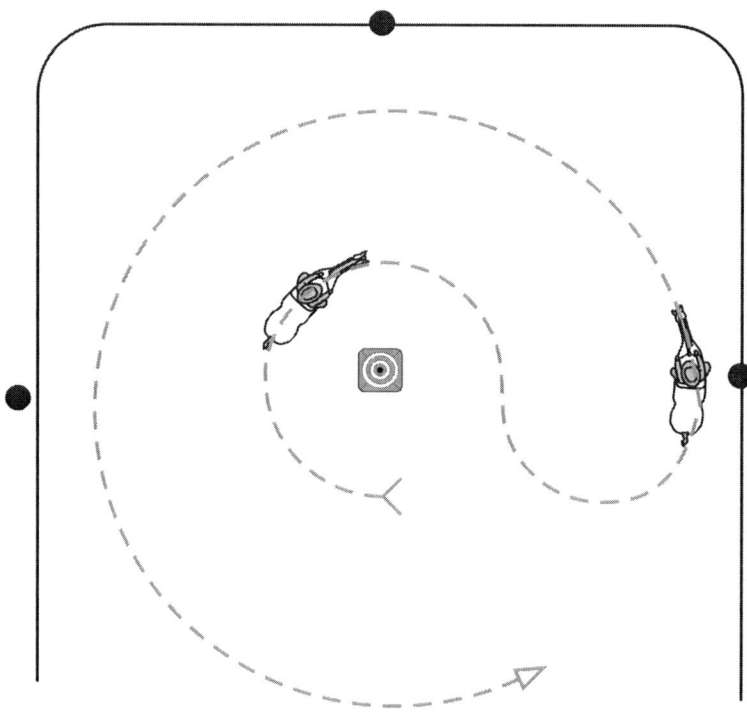

➪ **Je kleiner die Zirkel, desto höher die Versammlung! Du musst deshalb bei den kleinen Zirkeln vermehrt treiben und dein Pferd stärker an den Zügel stellen. Achte immer auf Takt-Reinheit!**

Diagonalen reiten

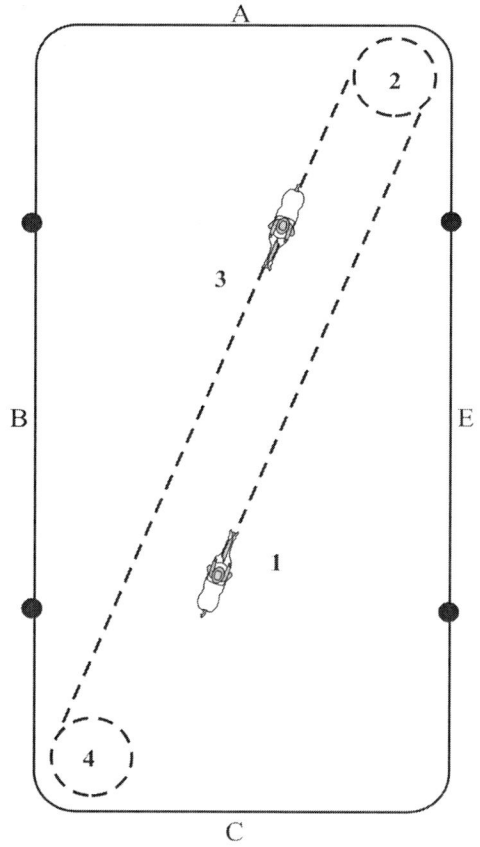

1. Reite in gerader Linie auf die nächste Ecke zu

2. Ganze Volte in der Ecke

3. Gerade Linie zur nächsten Ecke

4. Ganze Volte

⇨ **Diese Übung macht die Pferde unabhängiger von der Anlehnung an die Bande.**

Alle Pferde suchen die Anlehnung an die Bande!

Diagonalen mit Handwechseln

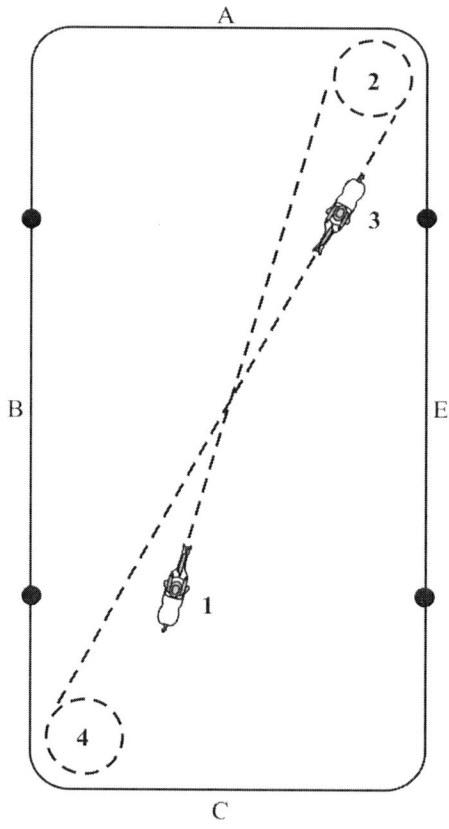

1. Reite in gerader Linie auf die linke Seite der nächsten Ecke zu

2. Ganze Volte in der Ecke

3. Gerade Linie zur rechten Seite der nächsten Ecke

4. Ganze Volte in der Ecke

⇨ Mit dieser Übung soll erreicht werden, die Pferde auf den langen Linien gerade zu stellen und vor dem Ankommen in der Ecke rechtzeitig auf Biegung einzustellen.

Schlangenlinien durch die ganze Bahn

in drei Bögen

Reite die Übung im Jog oder auch im Trab mit Leichttraben. Bei **Schlangenlinien in drei Bögen** ergibt sich kein Handwechsel.

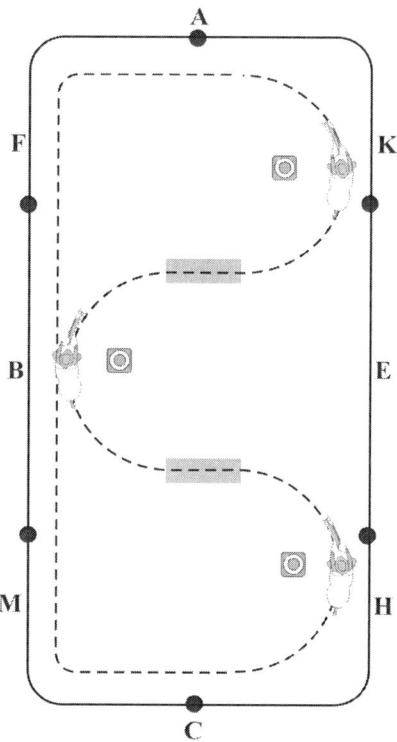

⇨ Wichtig ist das rechtzeitige Umstellen auf die neue Biegung. Zwischen den wechselnden Biegungen sollte das Pferd an den markierten Stellen etwa eine Pferdelänge gerade gestellt werden. Dort findet auch der Fußwechsel beim Leichttraben statt.

Schlangenlinien durch die ganze Bahn
in vier Bögen

Reite die Übung im Jog oder auch im Trab mit Leichttraben. Bei **Schlangenlinien in vier Bögen** ergibt sich ein Handwechsel. Diese Form des Handwechsels ist im konventionellen Reitunterricht weit verbreitet.

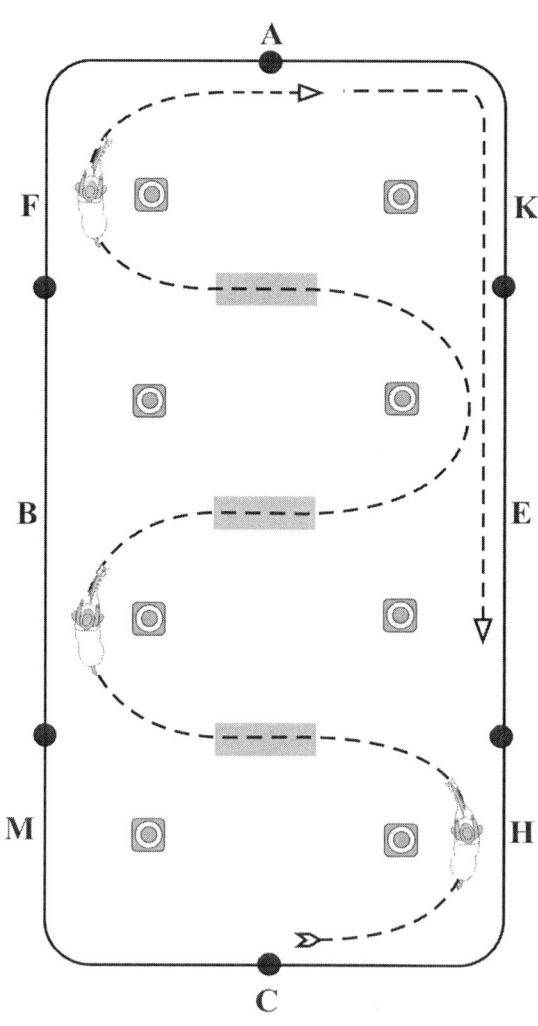

Schlangenlinien durch die ganze Bahn
in fünf Bögen

Dies ist eine alte Form von Schlangenlinien. Hier sind die Bögen tropfenförmig angeordnet. Die Bögen nehmen hier mehr als eine halbe Volte ein, sie halten also die Biegung länger aufrecht.

Bei dieser **Schlangenlinie in fünf Bögen** ergibt sich kein Handwechsel. Reite deshalb die Übung abwechselnd von der rechten und linken Hand beginnend.

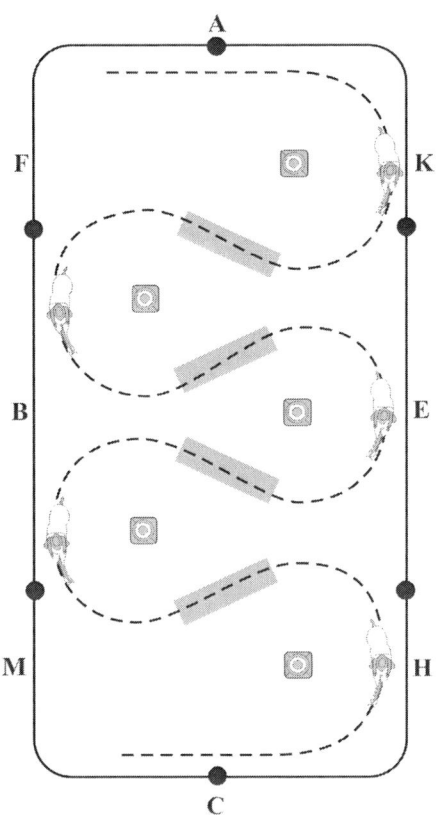

Nu is' aber genug mit Schlangenlinien!

Einfache Schlangenlinie an der langen Seite

Wende dein Pferd im Jog beim Zirkelpunkt vom Hufschlag weg und bringe es in Rechtsbiegung um die Pylone bei E. Stelle es vor dem nächsten Zirkelpunkt um, damit es die nächste Ecke in Linksbiegung passiert.

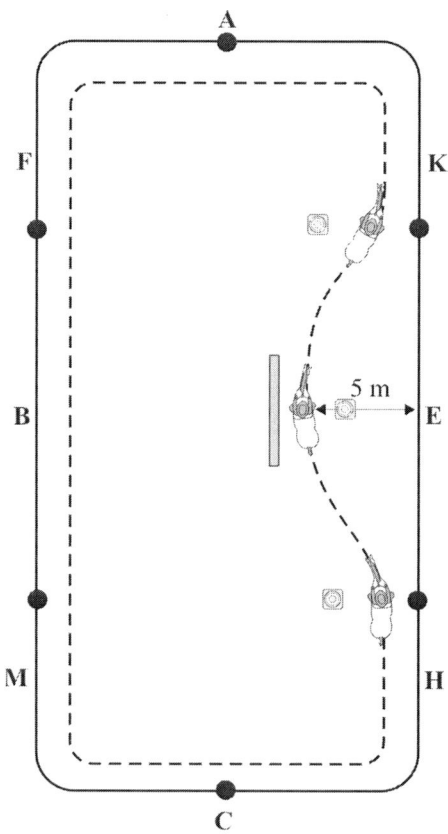

⇨ **Diese Übung sieht einfacher aus, als sie ist, weil die wechselnden Biegungen schnell auf einander folgen.**
Ein besonderer Reiz besteht in der fortgeschrittenen Ausbildung darin, dann bei K anzugaloppieren.

Präzise Übergänge reiten

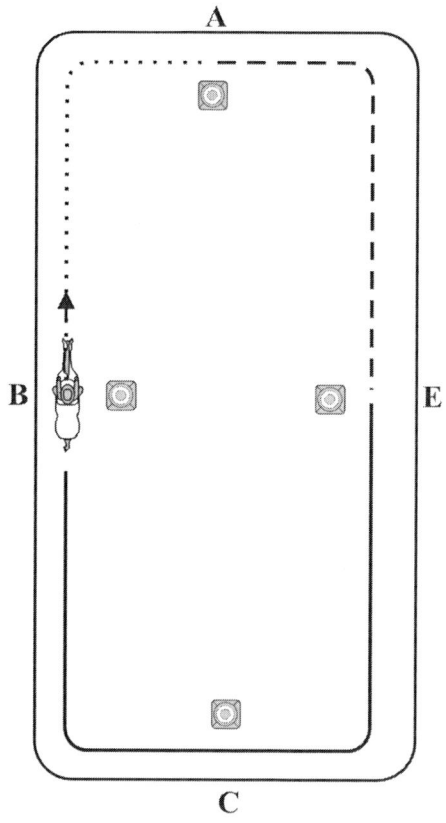

Bei B im Walk beginnen

Bei A Jog

Bei E Lope

Bei B wieder Walk

⇨ Das richtige Verhältnis von Treiben und Annehmen muss stimmen, um weiche Übergänge zu reiten.

⇨ Besonders im Unterricht für Fortgeschrittene sollten die Ansagen für Übergänge auf bestimmte Bahnpunkte bezogen sein.
Punktgenaues Reiten von Übergängen bereitet gut auf Western Horsemanship Prüfungen vor.

Nun pass mal auf!

Übergänge auf den Bahnlinien

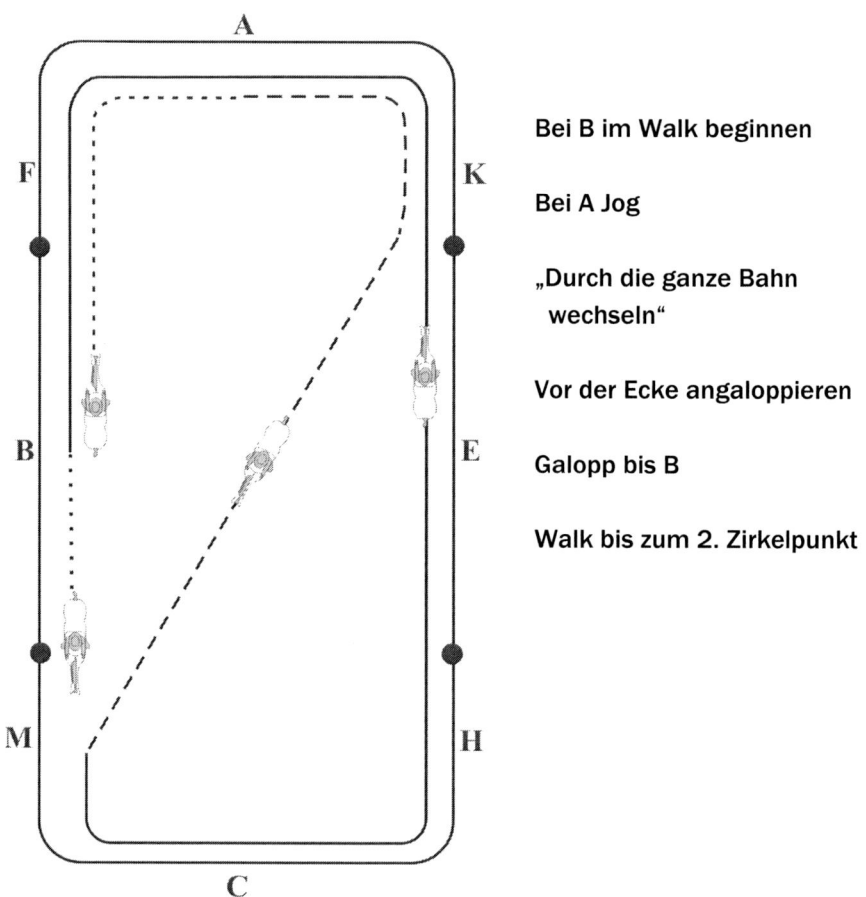

Bei B im Walk beginnen

Bei A Jog

„Durch die ganze Bahn wechseln"

Vor der Ecke angaloppieren

Galopp bis B

Walk bis zum 2. Zirkelpunkt

⇨ Aus solchen Übungen ergibt sich die Frage:
Wie lange vorher muss ich mein Pferd mit den Hilfen auf den nächsten Übergang vorbereiten?
Die Antwort muss jeder Reiter mit seinem Pferd selbst herausfinden und erspüren. Häufig muss etwa eine Pferdelänge vorher mit der Einwirkung eingesetzt werden, damit der Übergang an der gewünschten Stelle vollzogen wird.

Weitere Übergänge auf Bahnlinien

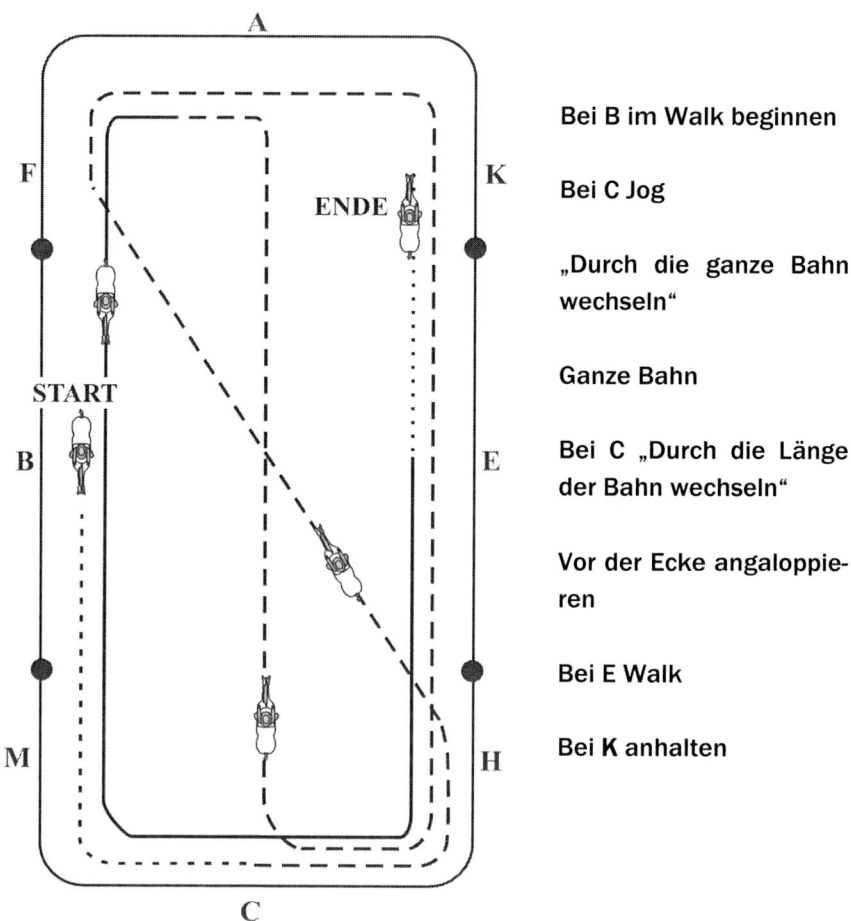

Bei B im Walk beginnen

Bei C Jog

„Durch die ganze Bahn wechseln"

Ganze Bahn

Bei C „Durch die Länge der Bahn wechseln"

Vor der Ecke angaloppie-ren

Bei E Walk

Bei **K** anhalten

⇨ Solche Übungen sind zur Vorbereitung auf die Prüfungen Western Horsemanship und Western Pleasure nützlich.

Übergänge auf dem Zirkel

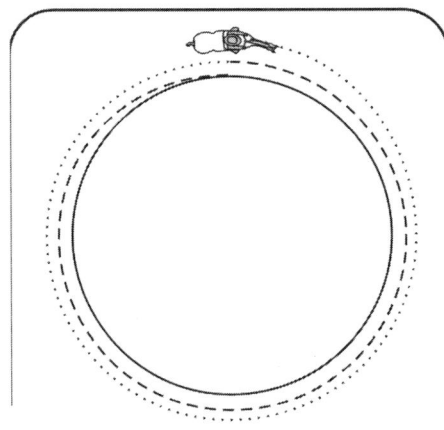

Reite:

1 Zirkel im Walk
1 Zirkel im Jog
1 Zirkel im Lope

Führe alle Übergänge Mitte
der kurzen Seite durch.

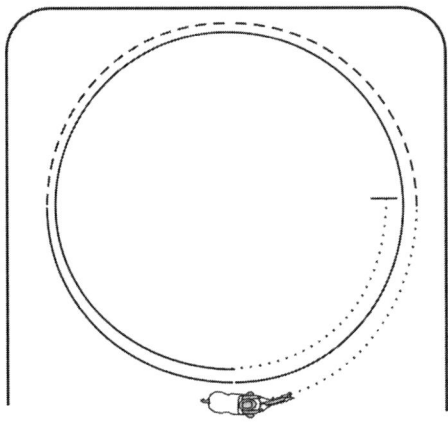

Reite:

¼ Zirkel im Walk
½ Zirkel im Jog
1 ¼ Zirkel im Lope
¼ Zirkel im Walk
Halten
Ruhig stehen

⇨ Der Schwierigkeitsgrad kann durch zunächst längere, dann kürzere
Gangartenwechsel erhöht werden.

Übergänge auf Zirkeln und der ganzen Bahn

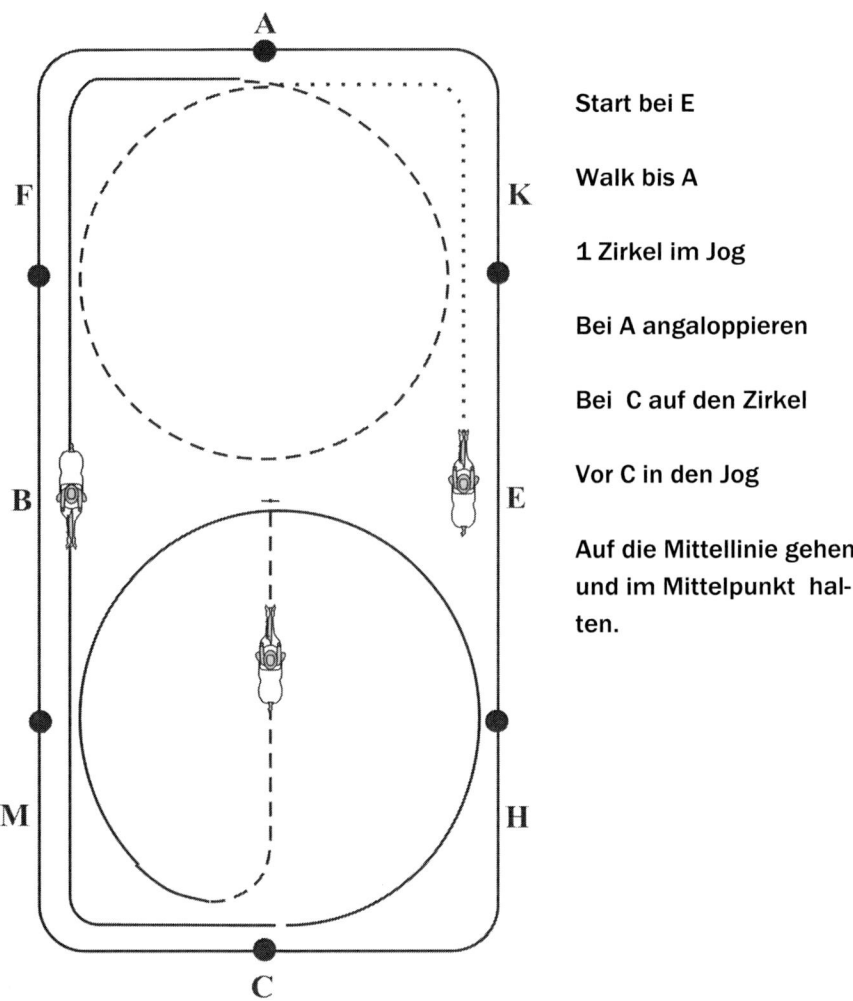

Start bei E

Walk bis A

1 Zirkel im Jog

Bei A angaloppieren

Bei C auf den Zirkel

Vor C in den Jog

Auf die Mittellinie gehen und im Mittelpunkt halten.

⇨ Diese Übung eignet sich gut zur Vorbereitung auf das Western Reitabzeichen in Bronze.

Anspruchsvollere Übungen in der Bahn

Mit diesen Übungen beginnt sozusagen die fortgeschrittene Ausbildung. Hier ist es notwendig, dass der Reiter die Körperhaltung des Pferdes, seine Kopf- und Halsstellung und gegebenenfalls seine Biegung im Rumpf kontrolliert. Dazu muss er lernen, zwischen Stellung und Biegung zu unterscheiden.

Was ist Stellung?

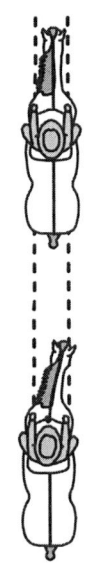

Das **geradeaus gestellte** Pferd folgt mit seiner Hinterhand der Spur der Vorhand, wie es auf den geraden Stücken des Hufschlags üblich ist. Der Reiter schließt das Pferd mit den Zügeln und den Schenkeln ein. Beide Schenkel befinden sich in der gleichen Lage am Pferdebauch.

Das **gestellte** Pferd folgt ebenfalls mit der Hinterhand der Vorhand auf einer Spur, aber sein Kopf und Hals sind etwas nach innen gestellt. Der Reiter sieht ein wenig von der inneren Backe und den Rand des inneren Auges des Pferdes. Damit das Pferd in dieser Stellung aber nicht in das Bahninnere läuft, muss der Reiter seinen inneren Schenkel stärker einsetzen.

Was ist Biegung?

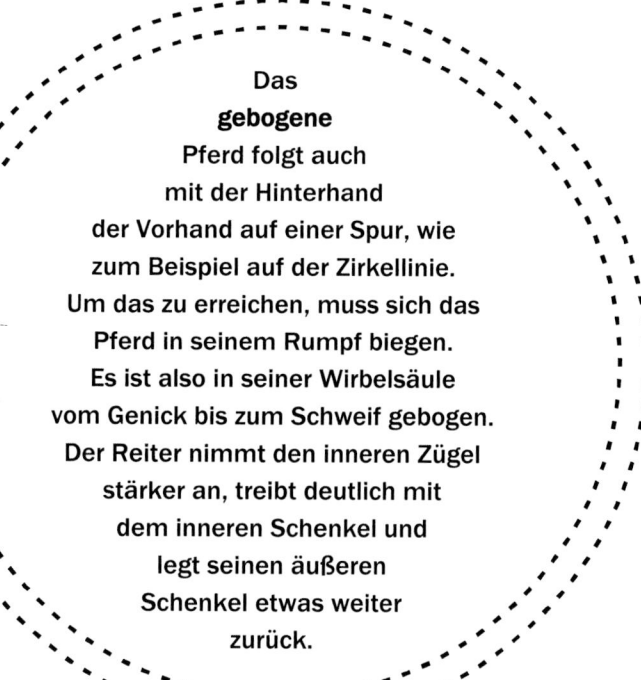

Das
gebogene
Pferd folgt auch
mit der Hinterhand
der Vorhand auf einer Spur, wie
zum Beispiel auf der Zirkellinie.
Um das zu erreichen, muss sich das
Pferd in seinem Rumpf biegen.
Es ist also in seiner Wirbelsäule
vom Genick bis zum Schweif gebogen.
Der Reiter nimmt den inneren Zügel
stärker an, treibt deutlich mit
dem inneren Schenkel und
legt seinen äußeren
Schenkel etwas weiter
zurück.

Reiten in Stellung

Reite die Übung zuerst im Walk und dann im Jog.

Stell dein Pferd auf den langen Seiten mit Kopf und Hals soweit nach Innen, dass du sein inneres Auge und den Rand der inneren Ganasche (Backe) sehen kannst.

Halte diese Stellung zunächst nur für eine halbe lange Seite (ca. 20 m) aufrecht.
Dann gib mit beiden Zügeln nach und lass das Pferd sich wieder geradeaus stellen.

⇨ **Wichtig ist, dass das Pferd dabei gleichmäßig im Takt seiner Gangart bleibt. Wenn das Pferd im Walk an Fleiß und im Jog an Schwung verliert, sollte die Kopfabstellung zurückgenommen werden und das Pferd vermehrt vorwärts geritten werden.**

Schenkelweichen

Diese Lektion sollte in Ruhe Schritt für Schritt entwickelt werden. Wenn das Pferd richtig seitwärts tritt, kann man es einen Moment ruhig stehen lassen und loben. Es muss nicht gleich eine flüssige Bewegung über eine längere Strecke sein.

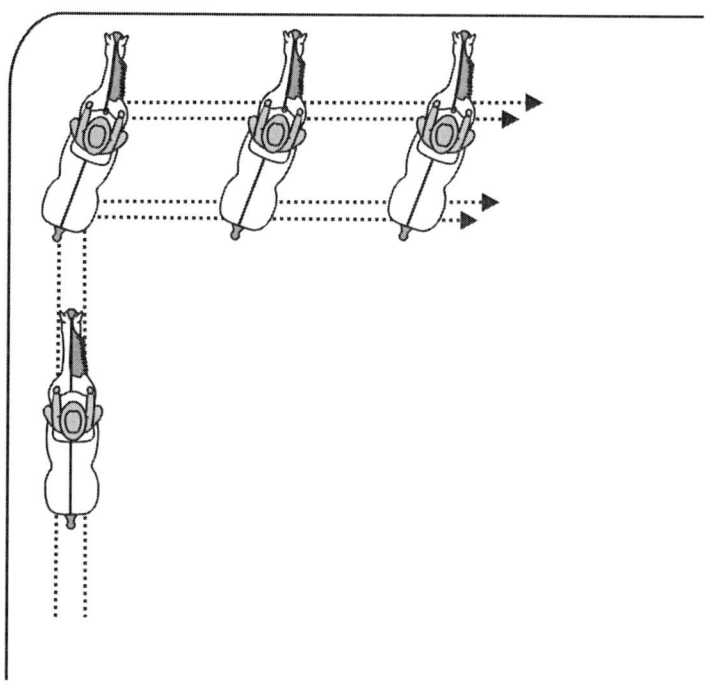

Starte mit dem Schenkelweichen in der Ecke aus dem Stand. Stelle das Pferd leicht schräg zur Bande, mit der Schulter voraus, damit es leichter mit der inneren (hier: linken) Vor- und Hinterhand vor die äußere (hier: rechte) treten kann.

Weitere Übungen zum Schenkelweichen

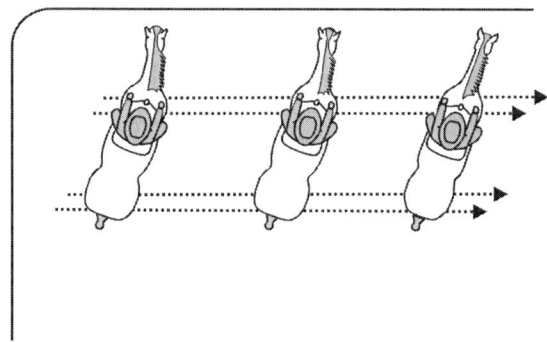

Stell dein Pferd während des Schenkelweichens zunehmend gerade. Das ist wichtig, um das Pferd später auch bei einhändiger Zügelführung seitwärts treten zu lassen.

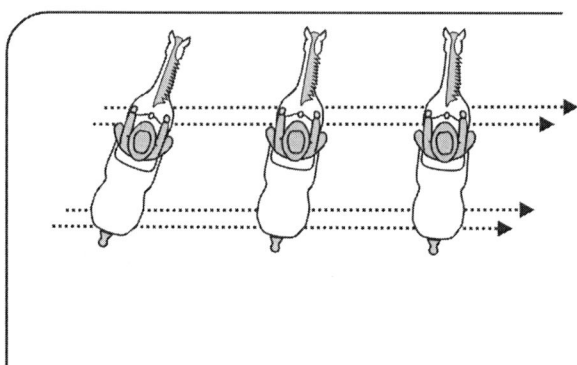

Stell dein Pferd während des Schenkelweichens zunehmend senkrecht zur Bande. Das ist wichtig, um das Pferd später im Trail über eine Bodenstange zu reiten.

Fehler beim Schenkelweichen

Das Pferd wird zu stark entgegen der Bewegungsrichtung gestellt:
Es kann nicht mehr mit den inneren Beinen vor die äußeren treten, es beginnt eine falsche Fußfolge.

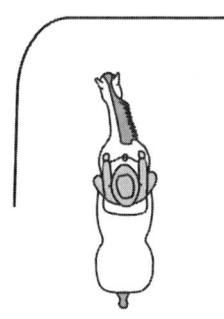

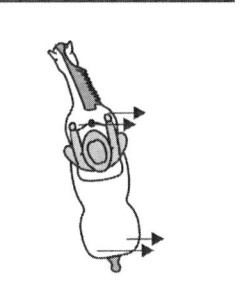

Hier beginnt der Fehler   Hier wird der Fehler deutlich

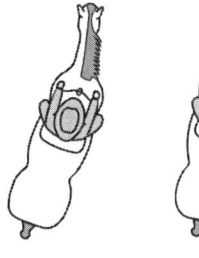 

Der innere Zügel wird zu stark angenommen:
Das Pferd weicht dem Zügel anstatt dem Schenkel. Der innere Schenkel des Reiters liegt zu weit vorne oder treibt zu wenig.
Das Pferd kann später diese Übung nicht in einhändiger Zügelführung ausführen.

Richtig   Falsch

Gamaschen und Hufglocken vermeiden Verletzungen beim seitwärts treten.

Schulterherein

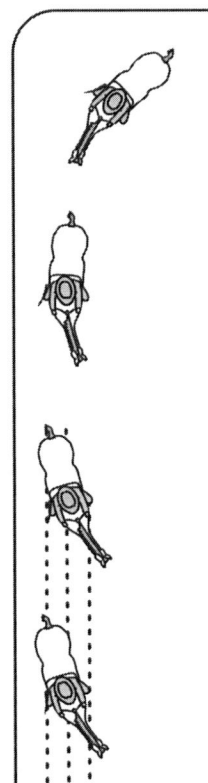

Das bereits in der Ecke leicht gebogene Pferd

wird weiter in Biegung auf dem Hufschlag gerit-ten. Die leichte Biegung wird also an der langen Seite beibehalten.

Dann wird das Pferd weiter nach innen ausge-richtet, so dass drei Spuren entstehen:

Die innere Vorderhand läuft auf einer eigenen Spur, die innere Hinterhand spurt auf die äußere Vorderhand und die äußere Hinterhand läuft auf einer eigenen Spur.

⇨ Diese Lektion sollte im Walk entwickelt werden. Der Reitlehrer/ Trai-ner sollte von hinten oder vorne beobachten und dem Reiter Anwei-sungen geben, wann es zu wenig Abstellung und wann zu viel (vier Spuren) ist.
Erst wenn die Lektion im Walk sicher ist, kann sie auch im Jog ausge-führt werden.
Die Ausführung im Lope sollte der gehobenen Ausbildung (Band 2) vorbehalten sein.

Fehler beim Schulterherein

Wie beim Schenkelweichen kommt dem inneren Schenkel auch hier eine besondere Bedeutung zu. Das Pferd darf nicht über den inneren Zügel gezogen werden. Auf beiden Zügeln muss gleichermaßen Kontakt bestehen.

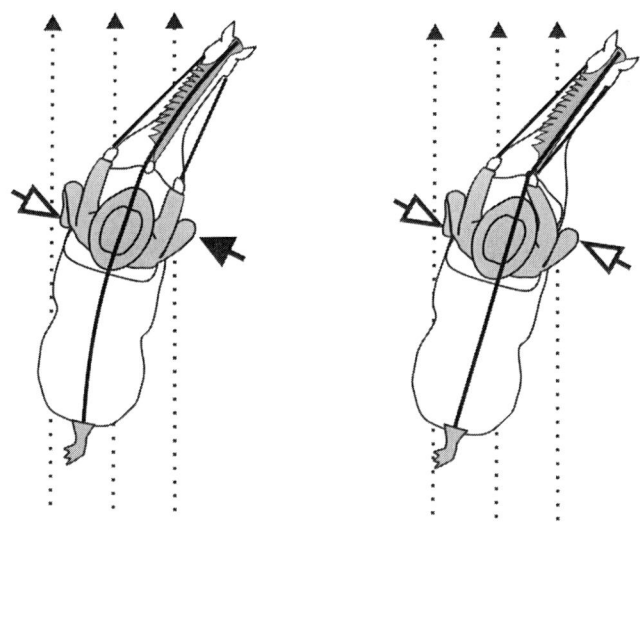

Besser

Schlechter

Durch den vermehrten Einsatz des inneren Schenkels erhält das Pferd mehr Rippenbiegung.

Das Pferd wird mehr über den Zügel gezogen. Es hat einen Knick im Hals und keine Rippenbiegung.

Kruppeherein oder Travers

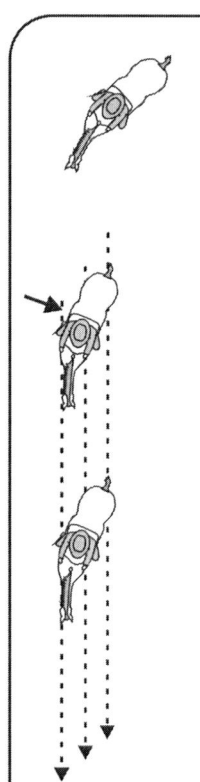

Das bereits in der Ecke gebogene Pferd wird weiter in derselben Haltung auf der langen Seite geritten. Der zurückgelegte äußere Schenkel muss hier besonders aktiv sein.

Kopf, Hals und Schulter des Pferdes folgen weiterhin dem Hufschlag, während die Hinterhand deutlich nach innen gestellt wird.

So entstehen drei Spuren:
Die äußere Vorderhand läuft auf einer eigenen Spur, die äußere Hinterhand spurt auf die innere Vorderhand und die innere Hinterhand läuft auf einer eigenen Spur.

⇨ Diese Lektion ist zum Verständnis und der grundsätzlichen Hilfengebung im Walk zu üben. Ihr gymnastischer Zweck eröffnet sich aber erst im Jog und später im Lope. Sie verbessert nachhaltig die Qualität von Jog und Lope.

Vorübung 1 für Hinterhandwendungen

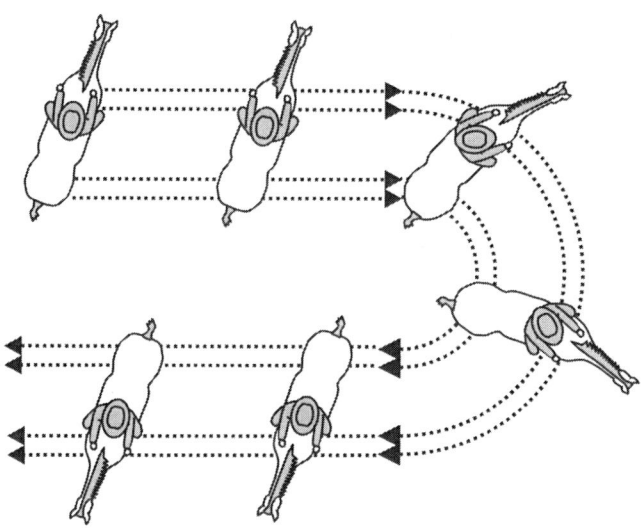

Schenkelweichen nach rechts und dabei das Pferd möglichst gerade halten. Dann stelle es mit den Zügeln langsam nach rechts (ähnlich Travers)
und treibe es mit dem (jetzt) äußeren Schenkel in einen Halbkreis, wobei
die Vorhand einen größeren Kreis als die Hinterhand beschreibt. Nach ungefähr einer halben Drehung gehe wieder Schenkelweichen.

⇨ Natürlich sollen solche Übungen auf beiden Händen abwechselnd
durchgeführt werden, wobei ein Handwechsel erst dann vorgenom-
men werden sollte, wenn auf der einen Hand ein gewisser Fortschritt
zu verspüren ist.

Vorübung 2 für Hinterhandwendungen

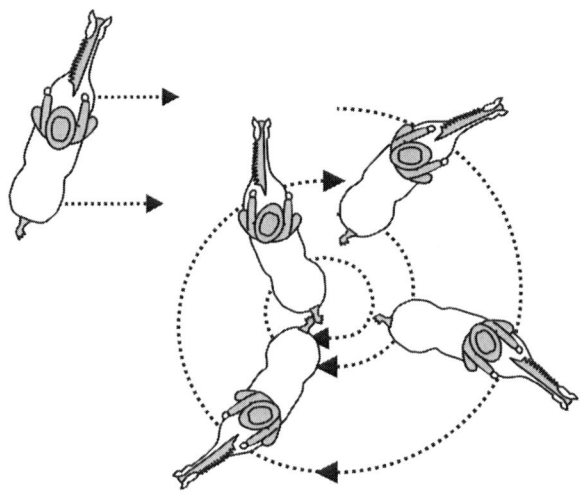

Diese Übung beginnt, wie die vorangegangene aus dem Schenkelweichen und geht in eine traversähnliche Stellung über. Während der aktive äußere Schenkel weiterhin treibt, wird die Vorhand mit den Zügeln langsam nach innen gebracht, wobei eine Volte entsteht, bei der die Vorhand einen größeren Kreis als die Hinterhand beschreibt. Dieser Kreis wird jetzt weiter verkleinert, bis sich der innere Hinterfuß auf der Stelle bewegt.

⇨ **Diese Übung ist nützlich als Vorbereitung zum Drehen (Spins) und zum Korrigieren von Pferden, die auf dem falschen Bein drehen.**

Hinterhandwendung aus dem Halten

Die bisherigen Übungen zur Hinterhandwendung wurden aus Seitwärtsbewegungen entwickelt. Wie kommen wir jetzt zur Wendung aus dem Halten?

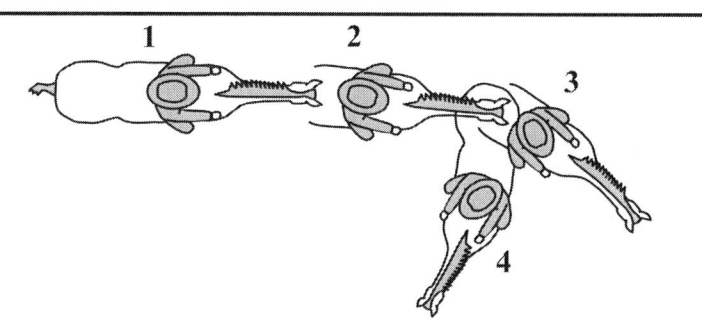

1. Geh aus dem Stand 2 Tritte geradeaus
2. Gehe 2 Tritte leicht nach rechts
3. Dann reite die Wendung aus dem Halten
4. Jetzt treibe das Pferd mit dem äußeren Schenkel in die Wendung

Nächste Übung:
Gehe aus dem Stand nur einen Tritt vorwärts und dann in die Wendung.

⇨ Achte darauf, ob dein Pferd mit den Vorderbeinen geschlossen steht oder ob ein Bein weiter vorsteht. Steht das äußere Bein leicht vor, dann kann dein Pferd besser kreuzen. Nicht aus einer Rückwärtsbewegung drehen, weil das Pferd sonst mit dem äußeren Vorderbein hinter das innere tritt und dann eine falsche Fußfolge entwickelt.

Vorübungen zur Vorhandwendung

Vorhandwendungen haben im Westernreiten weniger Bedeutung als Hinterhandwendungen. Für die Gymnastizierung und die Schenkelnachgiebigkeit, sowie für das Trail-Training sind sie aber recht nützlich.

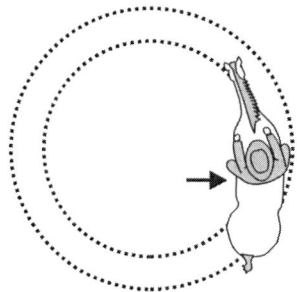

In der ersten Vorübung reitest du dein Pferd auf einer kleinen Schrittvolte in der Mitte der Reitbahn.

Mit dem deutlich zurückgelegten inneren Schenkel treibst du das Pferd mit der Hinterhand nach außen.

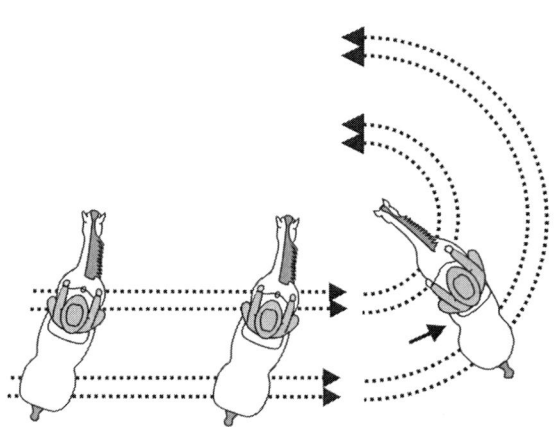

In der zweiten Vorübung reitest du zuerst Schenkelweichen und treibst dein Pferd dann mit dem inneren Schenkel in einen Halbkreis.
Anschließend lass es ruhig stehen und lobe es.

Vorhandwendung

Bei der Vorhandwendung dreht sich das Pferd um sein inneres Vorderbein. Das äußere Vorderbein beschreibt einen kleinen Kreis und die Hinterhand bewegt sich im Bogen um die Vorhand.

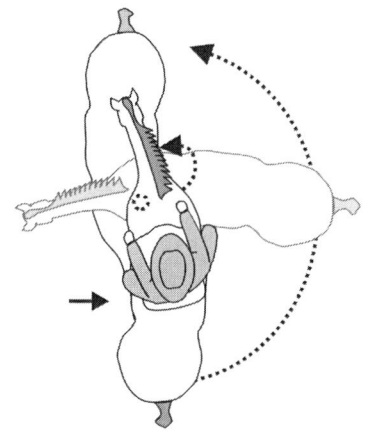

Hier ist eine Vorhandwendung **„Links-um-kehrt"** (180°) dargestellt.
Man sagt auch **eine Wendung auf der Vorhand Links-um.**

Also wie jetzt?

⇨ Eine Vorhandwendung kann nicht vom Hufschlag aus direkt neben der Bande ausgeführt werden. Das Pferd muss sich vor der Wendung mindestens auf dem zweiten Hufschlag befinden.

Angaloppieren aus dem Schenkelweichen

Beim Angaloppieren kommt es zunächst darauf an, den richtigen Handgalopp einzuleiten. Dabei greift das Pferd mit beiden inneren Beinen weiter vor als mit den äußeren. Um das zu unterstützen wird die Hinterhand (die Hüfte) des Pferdes weiter nach innen gestellt, sie greift dann weiter vor.

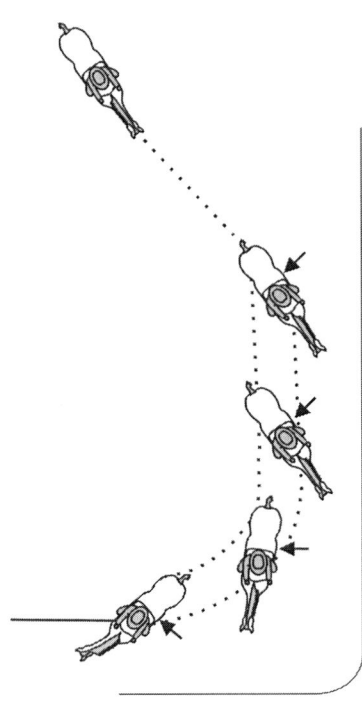

„Durch die ganze Bahn wechseln" im Schritt.

Beim Ankommen an der Bande reite einige Schritte in der Position des Schenkelweichens. Dabei sollen Kopf und Hals möglichst gerade gestellt sein. Dann treibe das Pferd mit dem äußeren Schenkel und einer Stimmhilfe in den Galopp.

➪ Diese Übung ist auch eine Hilfe für junge Pferde oder für Pferde, die auf einer Hand das Problem haben, richtig anzugaloppieren.
Mit fortschreitender Ausbildung soll das Pferd dann aber immer weniger nach außen gestellt werden

Angaloppieren über Kruppeherein

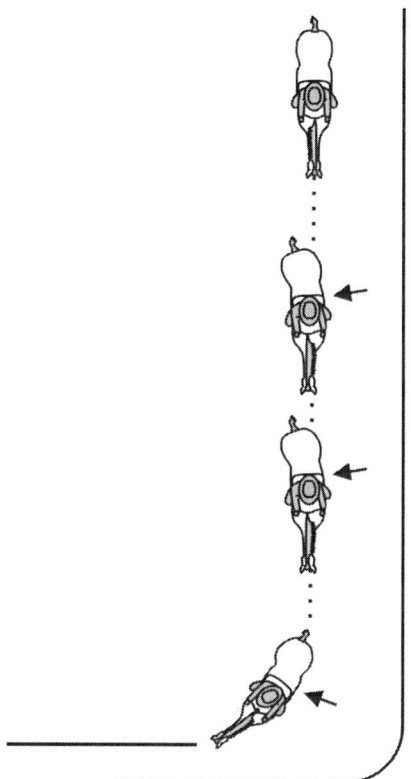

Bring das Pferd auf der langen Seite im Bereich des letzten Bahnbuchstabens mit der Hüfte (Kruppe) nach innen.

Aktiviere das Pferd in dieser Position und galoppiere in der Ecke an.

Wenn das auf beiden Händen gut klappt, beginne mit der Vorbereitung zum Angaloppieren bei der Mitte der langen Seite und galoppiere deutlich vor der Ecke an.

⇨ **Das Angaloppieren über die innere Hüfte erweist sich später beim einhändigen Reiten als außerordentlich nützlich.**

Angaloppieren auf der Mittellinie

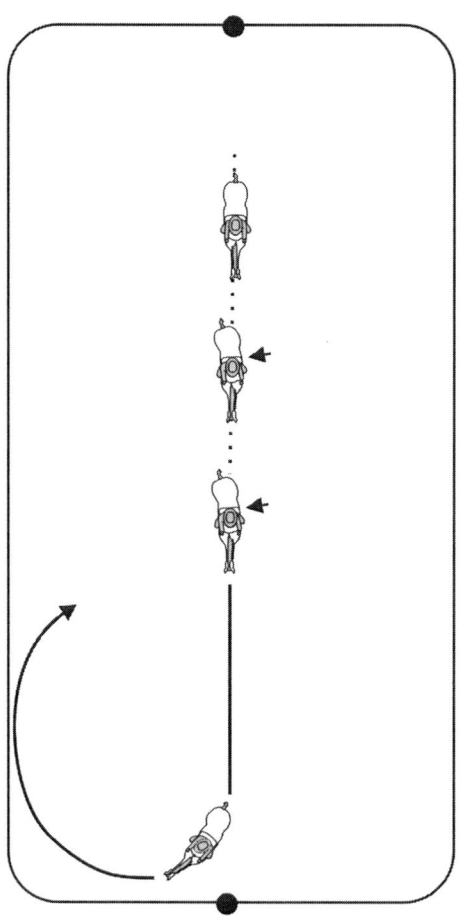

Reite das gerade gestellte Pferd im Walk auf der Mittellinie.

Bringe die Hüfte nach rechts und gehe einige Schritte in dieser Position.

Aktiviere das Pferd und galoppiere an.

Gehe auf die rechte Hand und galoppiere einen Zirkel.

⇨ Diese Übung eignet sich gut für die Vorbereitung auf Western Horsemanship-Pattern.

Übungen zum einfachen Galoppwechsel 1

Einfache Galoppwechsel bestehen aus einem Übergang vom Galopp zum Walk oder Jog und erneutem Angaloppieren aus der Bewegung heraus in den neuen Handgalopp.

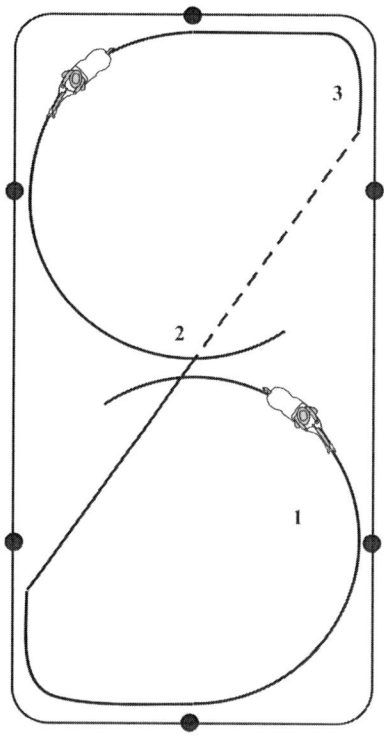

1. Reite einen ganzen Zirkel im Rechtsgalopp, dann nach der Ecke und „**Durch die ganze Bahn wechseln**".

2. Im Bahnmittelpunkt Jog.

3. Vor der Ecke angaloppieren. Anschließend wieder einen ganzen Zirkel galoppieren.

⇨ Wenn diese Übung problemlos ausgeführt werden kann, sollte die Jog-Strecke verkürzt werden.

Übungen zum einfachen Galoppwechsel 2

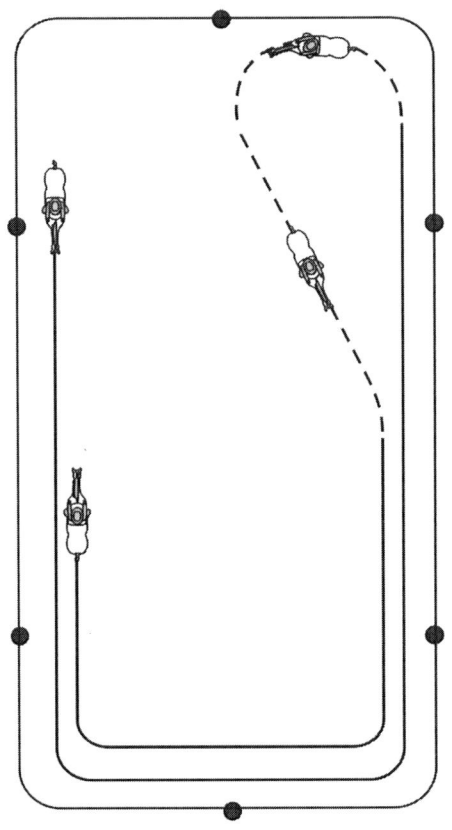

1. Aufgabe

Galoppiere auf der ganzen Bahn. Vor der Ecke Jog, dann „Aus der Ecke kehrt" und bei der Mitte der langen Seite wieder angaloppieren.

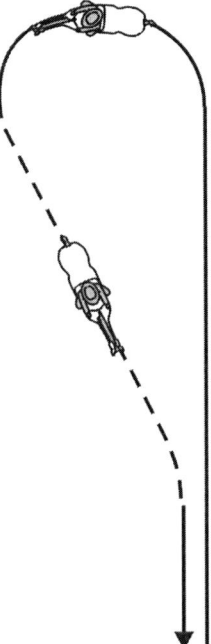

2. Aufgabe

Wie oben, aber „**Aus der Ecke kehrt**" im Galopp und nur das kurze Stück Gerade im Jog.

Übungen zum einfachen Galoppwechsel 3

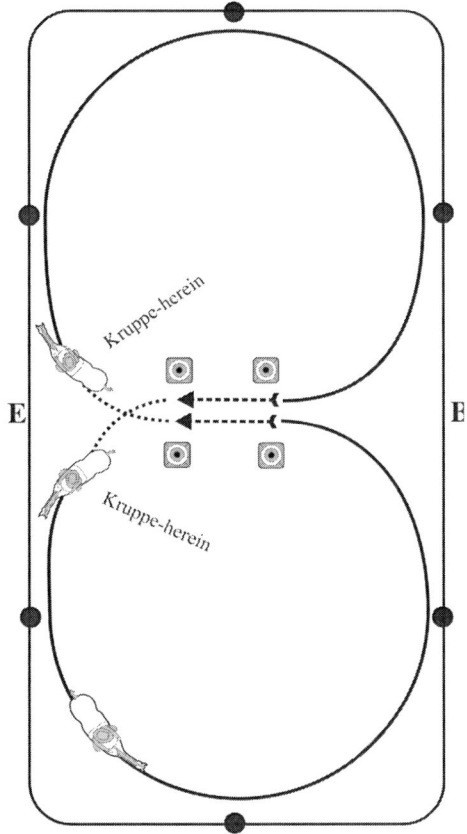

Reite einen ganzen Zirkel Linksgalopp.

Geh zwischen den ersten beiden Pylonen in den Walk

Stell dein Pferd gerade und bereite es nach dem zweiten Pylonenpaar auf den Linksgalopp vor.

Galoppiere im Bereich vor dem Zirkelpunkt an.

⇨ Lass dir am Anfang mit den Wechseln Zeit, warte mit dem Angaloppieren, bis dein Pferd deutlich auf den neuen Galopp eingestellt ist. Reite die Wechsel zuerst durch den Schritt, dabei kannst du besser den Galopp vorbereiten. Wenn das gut klappt, reite die Wechsel durch den Jog – sie werden dann flüssiger.

Übungen zum einfachen Galoppwechsel 4

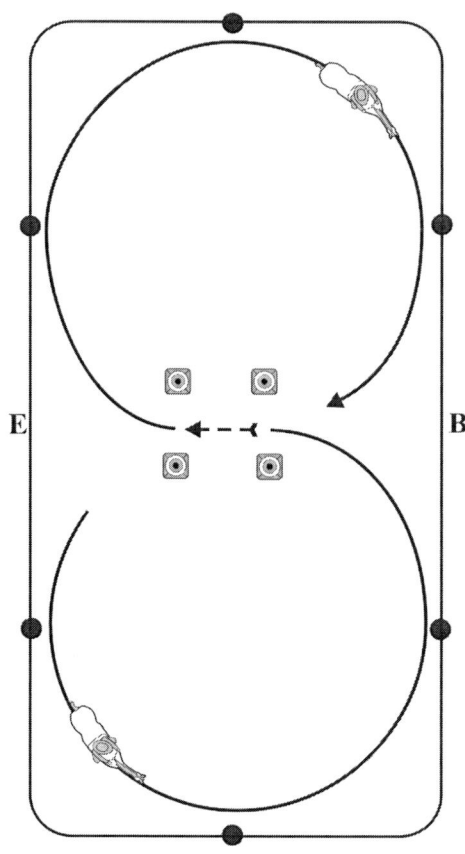

E

B

Wie in der vorangegangenen Übung, doch verkürze jetzt die Walk/Jog-Strecke allmählich bis auf eine Pferdelänge.

⇨ **So wird es später in Aufgaben für Abzeichen verlangt.**

Kann dieses Pferd denn auch gut wechseln?

Oh ja, es hat letztes Jahr dreimal den Besitzer gewechselt!

Western Horsemanship

Western Horsemanship ist die einzige Disziplin, in der die Beurteilung des Reiters im Mittelpunkt steht. Hier kommt es auf einen korrekten und geschmeidigen Sitz an, auf fein abgestimmte Hilfengebung und die Harmonie zwischen Reiter und Pferd.

Die exakte Ausführung des Patterns für die Einzelaufgabe gibt dem Richter Aufschluss über das richtige Zusammenwirken von Pferd und Reiter.

Natürlich gibt ein gut ausgebildetes Pferd dem Reiter eine bessere Gelegenheit, sein Können zu demonstrieren, als ein Pferd, welches die Reitaufgabe nur mit Mühe oder sogar mit Widerwillen ausführen kann.

Die folgenden Horsemanship-Pattern stellen nur Beispiele dar. Es gibt keine „offiziellen" Pattern für diese Disziplin. Jeder Richter entwirft seine Pattern für das jeweilige Turnier selbst.

Western Horsemanship Pattern Beispiel 1

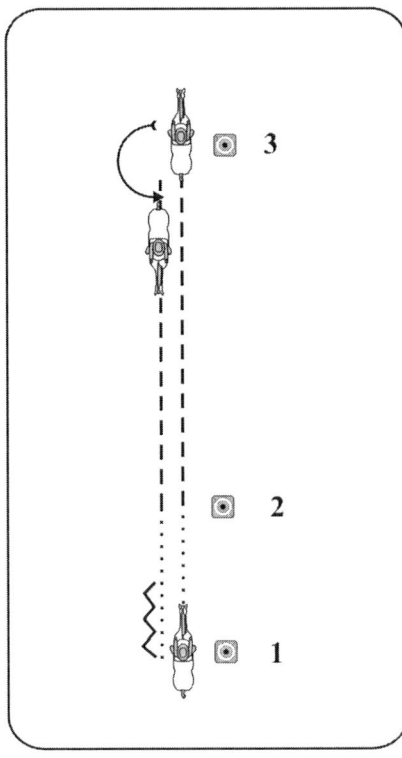

Starte links neben der 1. Pylone aus dem Halten im Walk

Neben der 2. Pylone Jog

Halte neben der 3. Pylone

Dort eine Hinterhandwendung 180° nach links

Im Jog zurück bis zur 2. Pylone

Dort Walk bis zur 1. Pylone

8 Tritte rückwärts richten

verharren

➪ **Was bedeutet "neben der Pylone"?**
Das Pferd befindet sich etwa mit dem Sattelgurt oder der Reiter mit dem Knie neben der Pylone. Der Abstand zur Pylone beträgt ungefähr einen Meter.

➪ **Schritte und Tritte**
Das Rückwärtsrichten (Back-Up) ist kein Viertakt wie der Walk, sondern ein Zweitakt mit diagonaler Fußfolge. Jeder Schritt hat somit zwei Tritte.

Western Horsemanship Pattern Beispiel 2

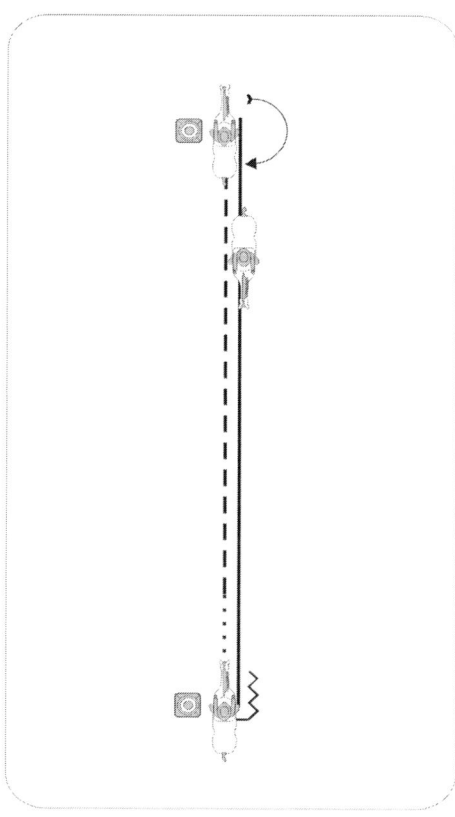

Beginne rechts neben der 1. Pylone

Gehe zwei Pferdelängen Walk

Dann Jog bis zur 2. Pylone

Dort anhalten und eine Hinterhandwendung nach rechts um 180°

Im Rechtsgalopp zurück zur 1. Pylone

Halten

4 Schritte rückwärts richten

verharren

⇨ Hier beginnt der Rechtsgalopp aus einer Rechtswendung. Das lässt sich gut reiten.

Western Horsemanship Pattern Beispiel 3 + 4

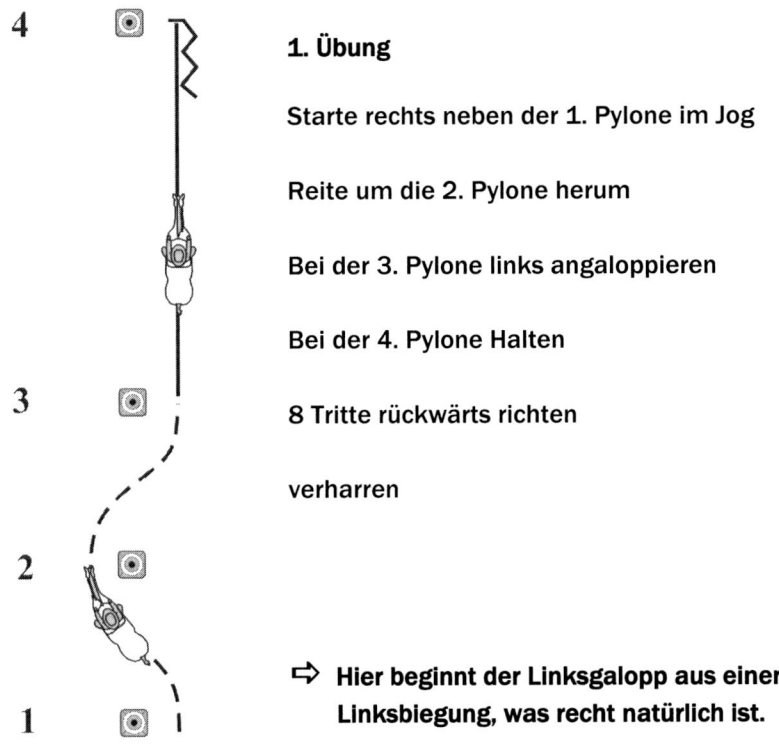

1. Übung

Starte rechts neben der 1. Pylone im Jog

Reite um die 2. Pylone herum

Bei der 3. Pylone links angaloppieren

Bei der 4. Pylone Halten

8 Tritte rückwärts richten

verharren

⇨ **Hier beginnt der Linksgalopp aus einer Linksbiegung, was recht natürlich ist.**

2. Übung:

Die gleiche Anordnung von Pylonen, das gleiche Pattern, aber Rechtsgalopp ab der 3. Pylone.

⇨ **Die 2. Übung ist erheblich schwerer, weil das Pferd erst geradegerichtet und neu gestellt werden muss.**

Western Horsemanship Pattern Beispiel 5

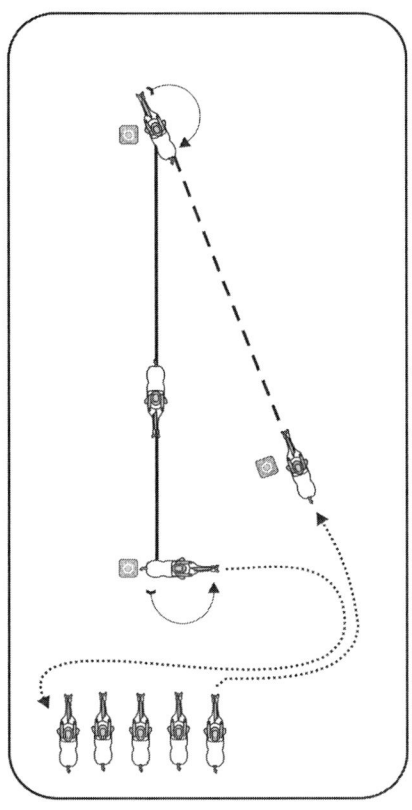

Rechts neben der 1. Pylone in den Jog

An der 2. Pylone eine Hinterhandwendung nach rechts

Rechtsgalopp bis zur 3. Pylone

Halten, 90°-Hinterhandwendung nach links

Kurz verharren

Im Walk in die Reihe zurück

Hier ist auch das Line-up der wartenden Teilnehmer eingezeichnet und die besondere Schwierigkeit besteht darin, zu den übrigen Teilnehmern zurück zu galoppieren.

⇨ **Auch die Disziplin der Reiter im Line-Up wird vom Richter beachtet. Lässiges herumlümmeln auf dem Pferd oder ein Schwätzchen mit dem Nachbarn findet nicht den Wohlgefallen des Richters.**

Western Horsemanship Pattern Beispiel 6

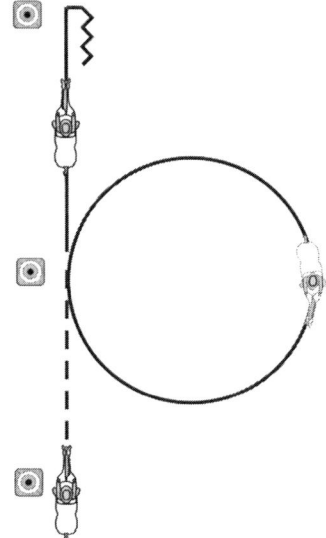

Rechts neben der 1. Pylone in den Jog

An der 2. Pylone im Rechtsgalopp einen Zirkel reiten

Weiter im Rechtsgalopp bis zur 3. Pylone

Dort Halten

4 Schritte rückwärts richten

Kurz verharren

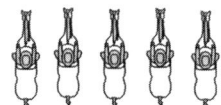

Nach rechts auf einen Zirkel und gleichzeitig in den Rechtsgalopp zu gehen, lässt sich gut reiten.

⇨ **Dieses Pattern zielt auf das exakte Reiten von Galoppzirkeln hin.**

Western Horsemanship Pattern Beispiel 7

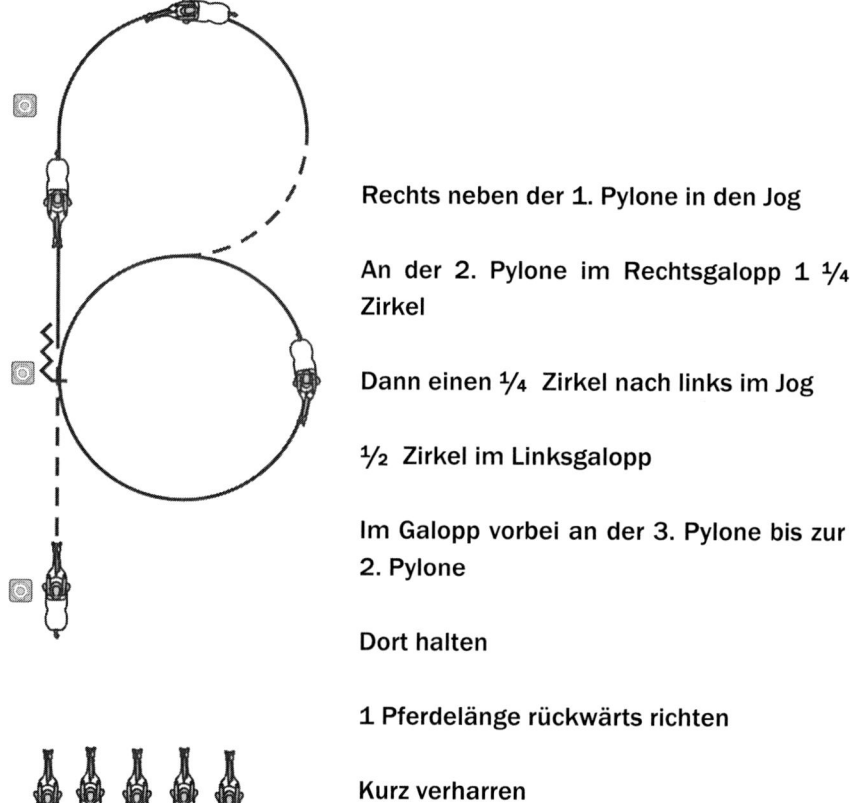

Rechts neben der 1. Pylone in den Jog

An der 2. Pylone im Rechtsgalopp 1 ¼ Zirkel

Dann einen ¼ Zirkel nach links im Jog

½ Zirkel im Linksgalopp

Im Galopp vorbei an der 3. Pylone bis zur 2. Pylone

Dort halten

1 Pferdelänge rückwärts richten

Kurz verharren

⇨ Dieses Pattern beinhaltet einen einfachen Galoppwechsel. Das ist typisch für die mittleren Leistungsklassen. In den hohen Leistungsklassen werden auch fliegende Galoppwechsel verlangt.

Western Horsemanship Pattern Beispiel 8

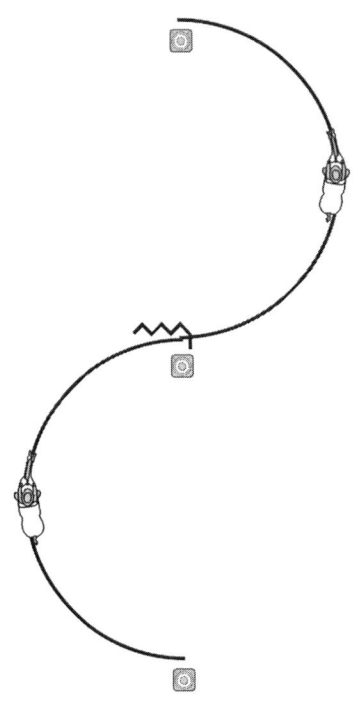

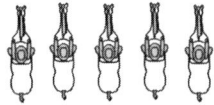

Rechts neben der 1. Pylone in den Rechtsgalopp

An der 2. Pylone halten

Eine Pferdelänge rückwärts richten

Im Linksgalopp bis zur 3. Pylone

Dort halten und kurz verharren

⇨ Dieses Pattern sieht einfach aus, ist aber schon ziemlich schwer. Pferd und Reiter sind einmal rechts, einmal links und wieder rechts von den Pylonen (vom Reiter aus gesehen). Der Reiter muss vorausschauen und sich seine Linien gut einteilen.

Western Horsemanship Pattern Beispiel 9

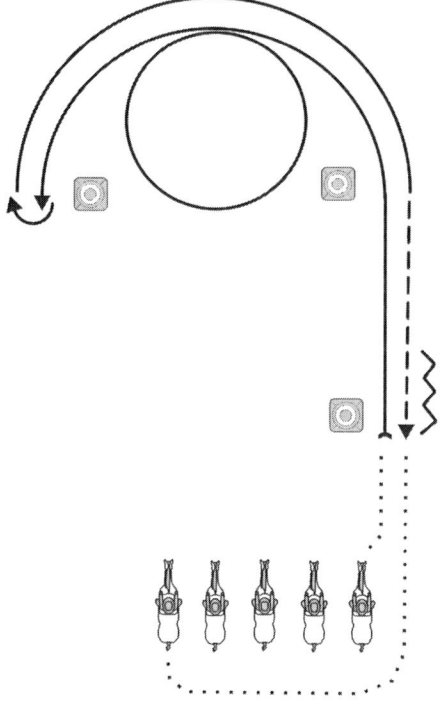

Rechts neben der 1. Pylone links angaloppieren und einen Zirkel zwischen den Pylonen 2 und 3 reiten

An der 3. Pylone halten

Hinterhandwendung nach rechts

Im Rechtsgalopp bis zur 2. Pylone

Dort in den Jog gehen

An der 1. Pylone anhalten

8 Tritte rückwärts richten

Verharren

Im Walk in die Reihe zurück

⇨ Diese Pattern muss sich der Reiter gut einteilen: Der kleine Zirkel muss zwischen die Pylonen und den Galopp-Bogen passen.

Western Horsemanship Pattern Beispiel 10

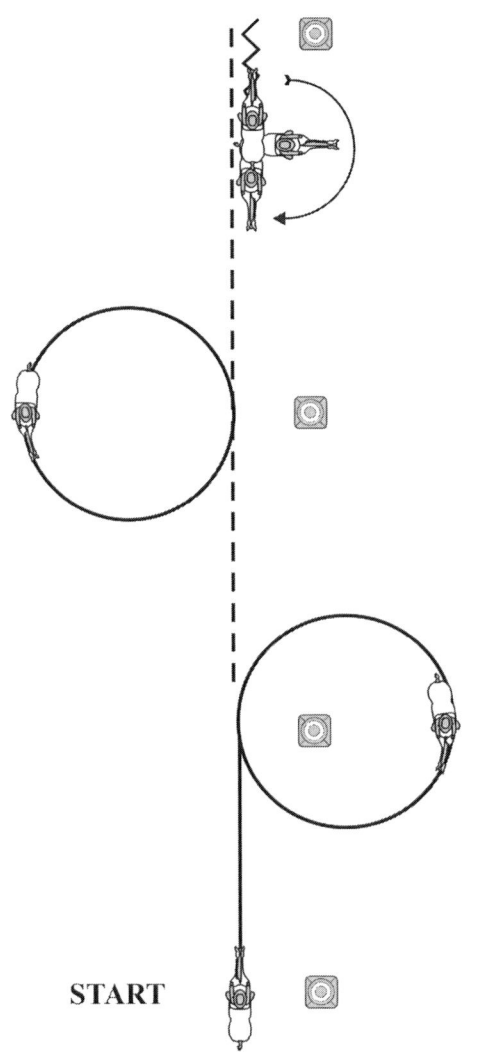

An der 1. Pylone aus dem Stand rechts angaloppieren

Um die 2. Pylone eine Volte reiten

Dann im Jog zur 3. Pylone

Dort eine Volte im Linksgalopp

Im Jog bis zu 4. Pylone

Dort stoppen

1 Pferdelänge rückwärts richten

Anschließend eine Hinterhandwendung nach rechts um 180°

START

Western Horsemanship Pattern für das Westernreitabzeichen Klasse III

Die praktische Reitabzeichenprüfung besteht aus drei Teilen: Western Horsemanship, Trail und Geländeritt.

Die folgenden drei Horsemanship-Pattern sind Reitaufgaben für die Prüfung zum Western Reitabzeichen Klasse III (ehemals Bronzenes Westernreitabzeichen). Sie sind länger als die Einzelaufgaben einer Western Horsemanship auf Turnieren. Das Bestehen dieses Prüfungsteils der Reitabzeichenprüfung ist zwingend vorgeschrieben.

Hier werden korrekt gerittene Linien, Übergänge, Sitz und Hilfengebung in zusammenhängenden Bahnfiguren überprüft.

Das Auswendiglernen des Pattern ist wichtig. Wenn man sich im Pattern verreitet, führt das zwar nicht mehr zwingend zum Durchfallen, zieht unnötige Abzugspunkten nach sich.

Verliert man jedoch die Kontrolle über das Pferd oder korrigiert einen falschen Galopp nicht rechtzeitig oder gar nicht, gilt dieser Prüfungsteil als nicht bestanden.

Die Texte der Pattern sind hier zum besseren Merken hier etwas vereinfacht. Teile die Aufgaben in drei Abschnitte ein. Fotokopiere die Pattern und benutze farbige Filzschreiber, um die Reitlinien der einzelnen Abschnitte z.B. in Grün, Rot und Blau nachzufahren und damit leichter erkennbar zu machen.

Die einzelnen Manöver und Abschnitte sollten zunächst getrennt von der Aufgabe (mit Wiederholungen bzw. kleinen Pausen dazwischen) geübt werden, damit die Pferde später Manöver nicht vorwegnehmen, weil sie glauben, das Pattern zu kennen.

Die folgenden drei Western Horsemanship Pattern für das RAB Klasse III, Stand APO 01.01.2010, durften mit freundlicher Genehmigung der EWU abgedruckt werden.

WRA Western Horsemanship Pattern 1

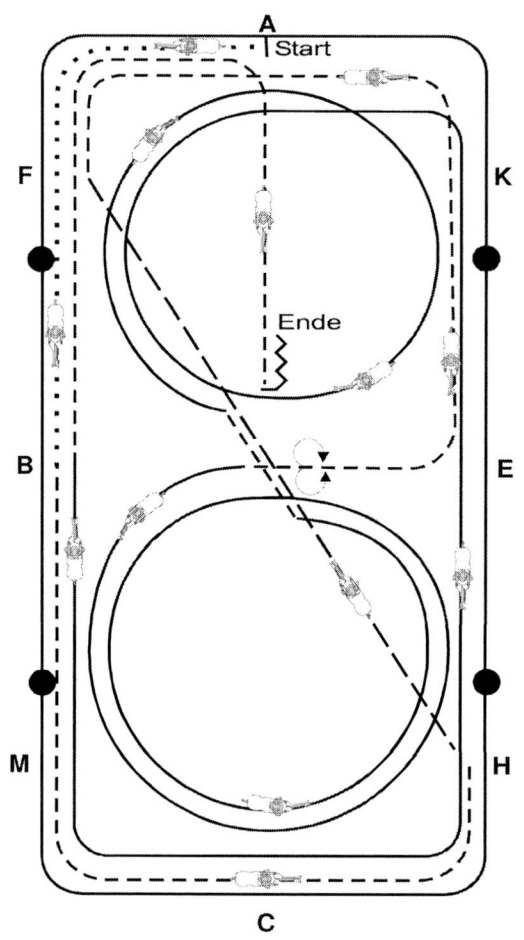

Bei A im Schritt auf der linken Hand ganze Bahn.

Mitte der langen Seite (B) Jog weiter auf der ganzen Bahn.

„Durch die ganze Bahn wechseln" (von H nach F) Auf der Wechsellinie die Tritte verlängern.

Weiter ganze Bahn.

Mitte der langen Seite (E) zum Mittelpunkt (X) der Bahn abwenden.

Im Mittelpunkt halten.

Hinterhandwendung um 360° nach Rechts.

Hinterhandwendung um 360° nach Links.

Aus dem Schritt auf dem Zirkel links angaloppieren.

2 Zirkel Linksgalopp.

Einfacher Galoppwechsel im Mittelpunkt.

1 ½ Zirkel Rechtsgalopp und weiter auf die ganze Bahn.

Mitte der nächsten langen Seite (B) in den Jog.

Mitte der kurzen Seite (A) abwenden und auf die Mittellinie gehen.

Im Mittelpunkt halten.

Eine Pferdelänge rückwärts richten.

WRA Western Horsemanship Pattern 2

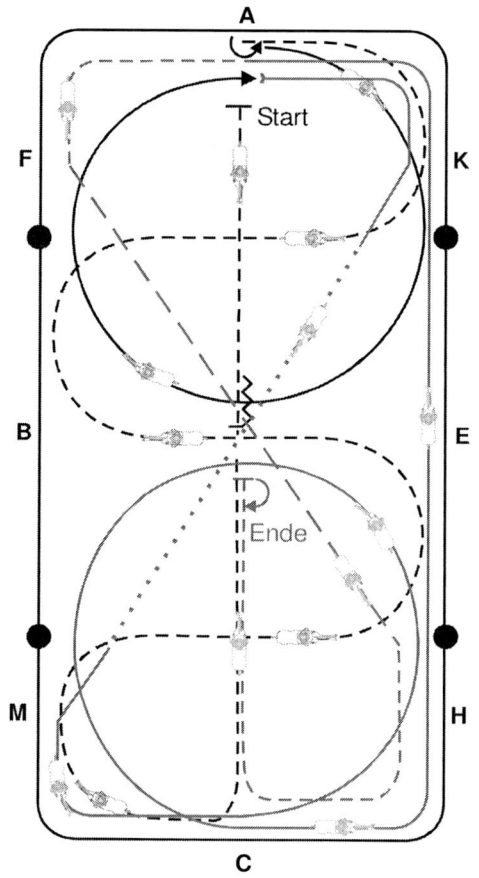

Start auf der Mittellinie im Jog.

Im Mittelpunkt (X) anhalten und eine Pferdelänge rückwärts richten.

Aus dem Stand in den Jog.

Mitte der kurzen Seite (C) abwenden auf die rechte Hand.

In Schlangenlinien in vier Bögen durch die ganze Bahn.

Mitte der kurzen Seite (A) halten.

Hinterhandwendung nach links um 180°.

Rechts angaloppieren, eine Runde auf dem Zirkel reiten.

Mitte der kurzen Seite (A) auf die ganze Bahn und „Durch die ganze Bahn wechseln".

Auf Höhe des Zirkelpunktes (nach K) Schritt.

Auf Höhe des Zirkelpunktes (vor M) links angaloppieren.

Mitte der kurzen Seite (C) auf den Zirkel gehen und eine Runde reiten.

Dann auf die ganze Bahn gehen.

Mitte der kurzen Seite (A) in den Jog.

„Durch die ganze Bahn wechseln" (von F nach H), dabei die Tritte verlängern.

Bei H wieder normales Tempo.

Abwenden auf die Mittellinie und im Mittelpunkt halten.

Eine Hinterhandwendung nach rechts um 180°.

Ruhig Stehen.

WRA Western Horsemanship Pattern 3

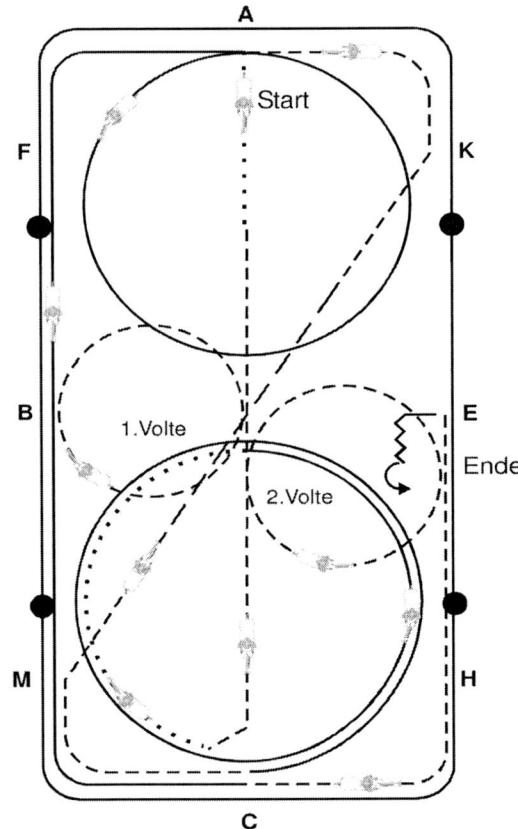

Start auf der Mittellinie (bei A) im Schritt.
In Höhe der Zirkelpunkte Übergang zum Jog.
Im Mittelpunkt (X) eine Volte (10m) nach rechts.
Eine Pferdelänge geradeaus und eine Volte (10m) nach links.
Weiter auf der Mittellinie und Mitte der kurzen Seite (C) abwenden.
Auf den Zirkel rechte Hand und Übergang zum Schritt.
Nach einem ½ Zirkel im Mittelpunkt angaloppieren und 1 ½ Zirkel Rechtsgalopp.
Mitte der kurzen Seite auf die ganze Bahn gehen und Übergang zum Jog.

„Durch die ganze Bahn wechseln" (von M nach K), dabei die Tritte verlängern.
Am Wechselpunkt (vor K) wieder normales Tempo.
Mitte der kurzen Seite (A) auf den Zirkel gehen und links angaloppieren
Einen Zirkel, dann auf der ganzen Bahn gehen.
Mitte der kurzen Seite (C) in den Jog.
Mitte der langen Seite (E) Halten.
Eine Pferdelänge rückwärts richten

Trail

Trail ist eine Disziplin, die Geduld und Fleiß erfordert. Hier kommt es weniger auf die Athletik des Pferdes an, deshalb spielt auch die Pferderasse keine große Rolle.

Es gibt Trail-Hindernisse, vor denen die Pferde Angst haben und deshalb vielleicht scheuen. Dazu gehören das Flattertor (ein Rahmen, an dem Plastikstreifen herunterhängen), eine Brücke oder ein Sack, in dem sich leere Blechdosen befinden und den man von einer Tonne zur anderen heben muss. Hier ist Geduld und eventuell auch Bodenarbeit gefragt.

Andere Hindernisse erfordern mehr reiterliche Einwirkung und Trainingsmethode. Die folgenden Übungen sind mehr für diese Art Hindernisse gedacht.

Alle Hindernisse, bei denen jeder Schritt des Pferdes genau platziert sein muss, bedeuten für die Ausbildung, dass der Reiter Schulter und Hüfte des Pferdes kontrollieren kann und Bewegungen wie Seitwärtsgehen, Hinterhand- und Vorhandwendung auch einhändig (notwendig für das Tor und das Bewegen oder Transportieren von Gegenständen) beherrscht.

In modernen Trail-Pattern ist das Überschreiten von Bodenstangen in allen Gangarten sehr wichtig geworden. Das Pferd muss lernen zu taxieren (seine Schrittlänge dem Hindernis anzupassen) und der Reiter muss die ideale Linie durch das Hindernis bestimmen.

Zu den Pflichthindernissen gehören in der Regel: Das Tor, Reiten über mindestens 4 Bodenstangen und ein Back-Up-Hindernis.

Wahlhindernisse können z.B. sein: Plane oder Wasserbecken, Aufnehmen und Ablegen eines Gegenstandes, bzw. Transportieren oder Ziehen eines Gegenstandes, die Brücke oder Wippe, Sidepass (Seitwärtsgehen) über Stangen, ein Stangenquadrat in dem gedreht werden muss, ein Sprung von maximal 45 cm und ein „U" oder „Z" aus Bodenstangen für Rückwärts- und Seitwärtsbewegungen.

Welche Hindernisse vorgeschrieben, frei wählbar oder auch verboten sind, ist den einzelnen Regelbüchern der Verbände zu entnehmen. Dort werden ebenfalls die Maße für die Hindernisse und die Abstände von Bodenstangen angegeben.

Eine Trailprüfung wird nach der Leistung des Pferdes bei der Bewältigung von Hindernissen bewertet. Schwerpunkte sind dabei die Manier, Aufmerksamkeit des Pferdes gegenüber den Reiterhilfen und Qualität der Bewegung. Eine bessere Bewertung erhalten Pferde, die die Hindernisse mit Stil und in angemessener Geschwindigkeit absolvieren, ohne dabei die Korrektheit zu verlieren. Pluspunkte werden auch solchen Pferden gegeben, die die Fähigkeit besitzen, dem Willen des Reiters folgend, ihren eigenen Weg durch den Parcours zu finden, wenn Hindernisse es rechtfertigen.

Unnötige Verzögerung beim Anreiten oder beim Bewältigen der Hindernisse führt zu Punktabzug. Widerstand gegen den Zügel wird ebenfalls negativ bewertet.

Trailhindernisse entsprechen typischen Situationen bei einem Geländeritt

Walk-Over, Jog-Over, Lope-Over

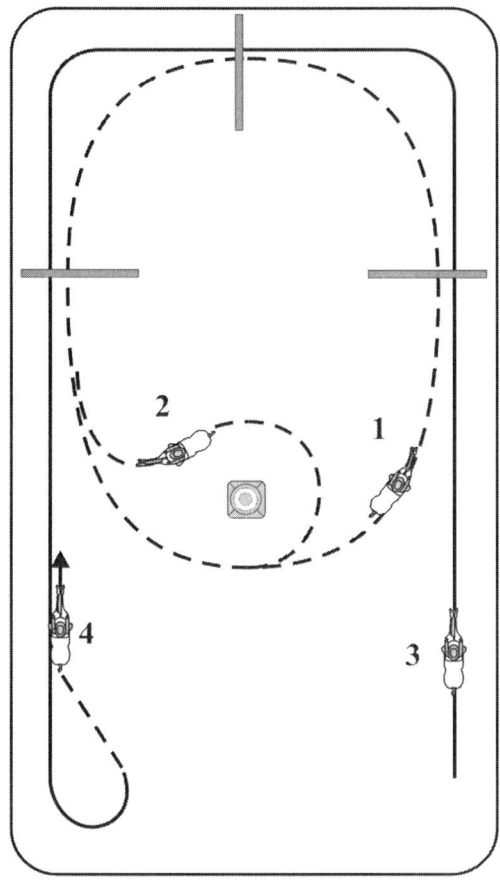

1. und 2.

Reite ein großes Oval mit drei Bodenstangen im Walk und Jog mit Richtungswechseln.

3. und 4.

Reite auf der ganzen Bahn mit drei Bodenstangen im Galopp auf beiden Händen.

⇨ Das "A" und "O" der Bodenstangenarbeit ist die Abwechslung. Die Pferde sollen stets neu schauen und taxieren lernen.

Jog-Over

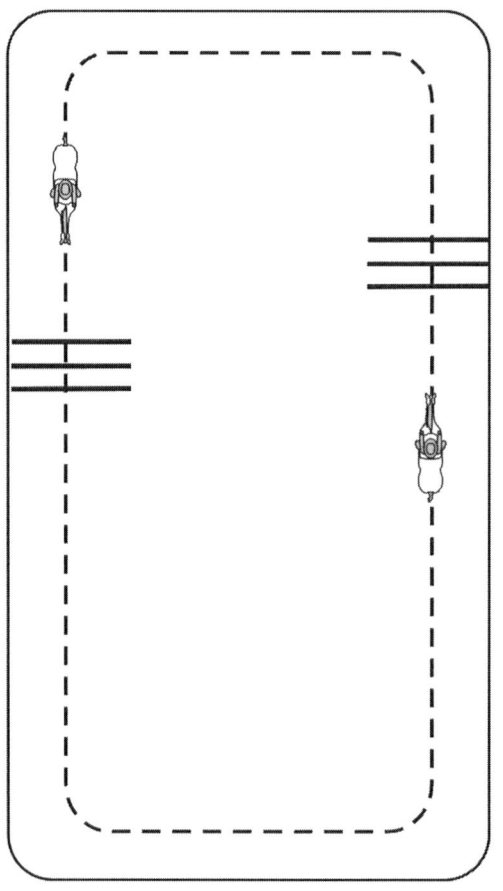

Reite dein Pferd im Walk, später im Jog gerade gestellt über drei Bodenstangen im Abstand von 50 cm (Schritt) bzw. 90 cm (Jog).

Ein Helfer oder dein Trainer sollte schauen, ob dies dem Abstand der Trittlänge dienes Pferdes entspricht oder ob du die Tritte deines Pferdes eher verlängern oder verkürzen musst.

Variiere die Abstände in der Toleranz, die in den jeweiligen Regelbüchern angeben sind.

Bei der EWU:
40 bis 60 cm – Walk
90 bis 105 cm – Jog

Du musst lernen, die Abstände einzuschätzen und zu beurteilen, ob sie für dein Pferd passen.

⇨ Beim Übertreten über drei Stangen lernt das Pferd das Taxieren, d.h. seine Tritte einzuteilen. Erst wenn das gut klappt, sollte man vier Stangen verwenden, wie es dann in Prüfungen verlangt wird.

Back-Up "L"

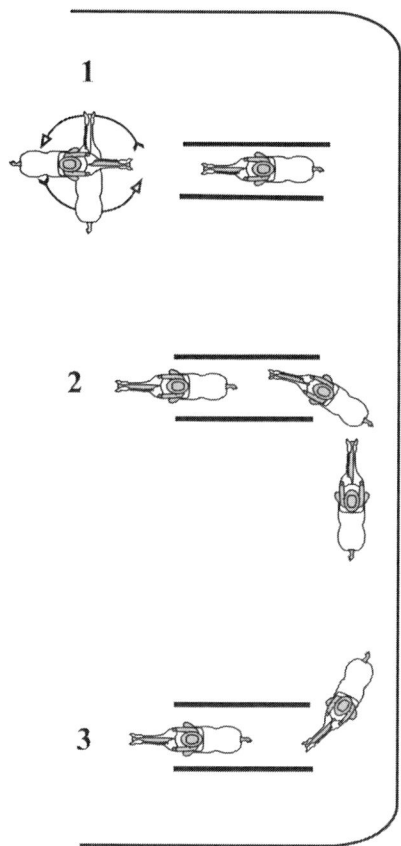

1

Richte das Pferd vor der Stangengasse gerade.
Platziere das Pferd mit einer Vorhandwendung von 180° vor der Gasse.
Richte rückwärts bis zum Ende der Stangen.
Reite vorwärts wieder heraus.

2

Beginne wie oben.
Aber vor der Bande nach links rückwärts richten.

3

Beginne wie oben.
Aber vor der Bande nach rechts rückwärts richten.

➪ **Übe ein Stangen-„L" nie komplett, sondern in einzelnen Abschnitten und abwechselnd nach links und rechts, damit das Pferd immer abwartet, wohin es gehen soll.**

Sidepass-Übungen

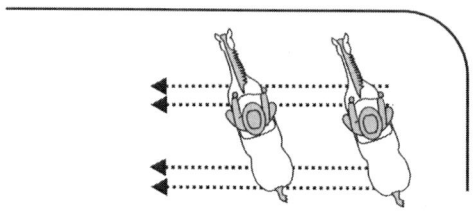

Schenkelweichen an der kurzen Seite.

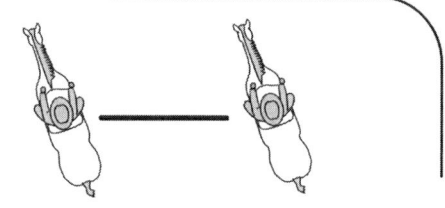

Schenkelweichen über eine Bodenstange.

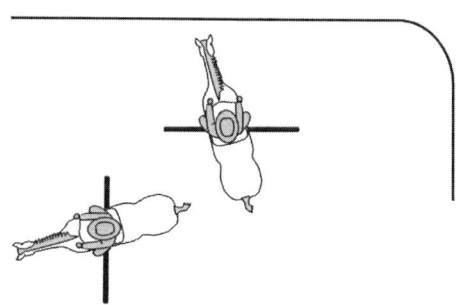

Schenkelweichen über die Stange.
Anschließend eine Hinterhandwendung von 90°.
Wieder Schenkelweichen über die Stange.

⇨ **Am Anfang dieser Ausbildung sollte das Pferd immer schräg zur Bodenstange ausgerichtet werden (Schulter voraus), damit das Übertreten leichter fällt. Erst später sollte man absolut seitwärts gehen.**

Tor-Übungen 1

Übe alle Möglichkeiten der Torbewältigung mit Pylonen und Stangen, die am Boden ein Tor andeuten.

Überlege welche Bewegungen des Pferdes zur Bewältigung eines Tores, das **aufgedrückt** und **vorwärts** durchritten wird, benötigt werden.

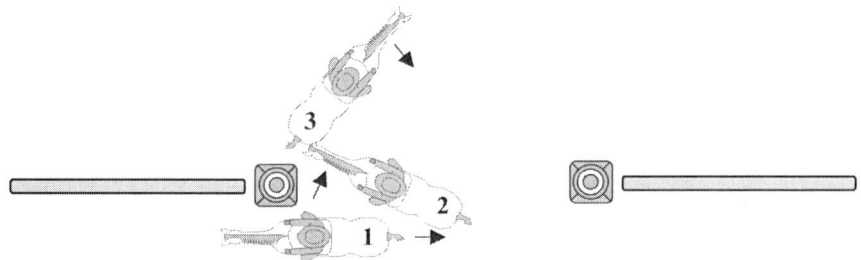

Tor **vorwärts** nach rechts **aufdrücken**

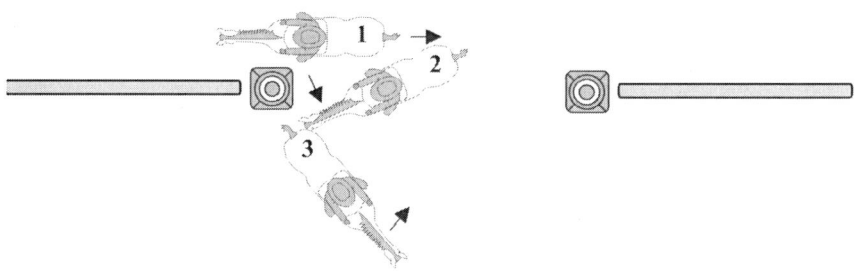

Tor **vorwärts** nach links **aufdrücken**

⇨ Übe diese Bewegungen Schritt für Schritt mit beidhändiger Zügelführung. Erst wenn das einwandfrei klappt sollte es einhändig versucht werden.

Tor-Übungen 2

Hier sind die Übungsvarianten um ein Tor **aufzuziehen**.
Überlege welche Bewegungen des Pferdes zur Bewältigung eines Tores benötigt werden, das **aufgezogen** und **vorwärts** durchritten wird.

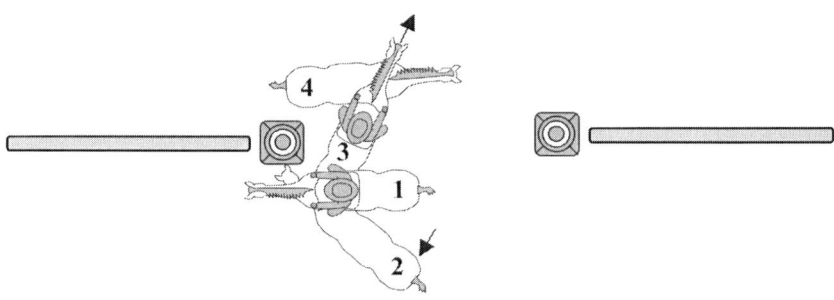

Tor vorwärts nach rechts aufziehen

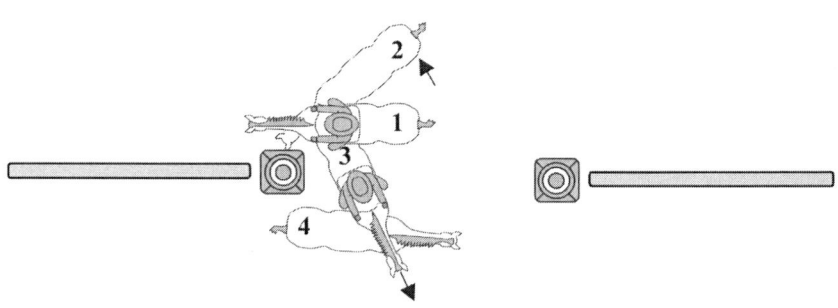

Tor vorwärts nach links aufziehen

Tor-Übungen 3

Hier sind die Varianten für die Rückwärtsbewältigung eines Tores. Auch hier gibt es natürlich das **Aufziehen** und das **Aufdrücken**, was im Pattern vorgeschrieben sein könnte.

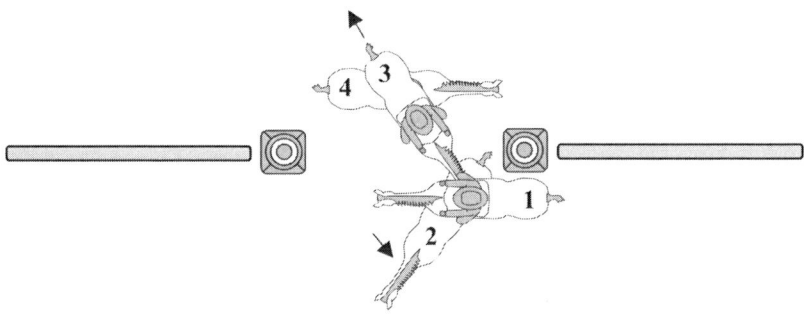

Tor **aufziehen** und **rückwärts** durchreiten

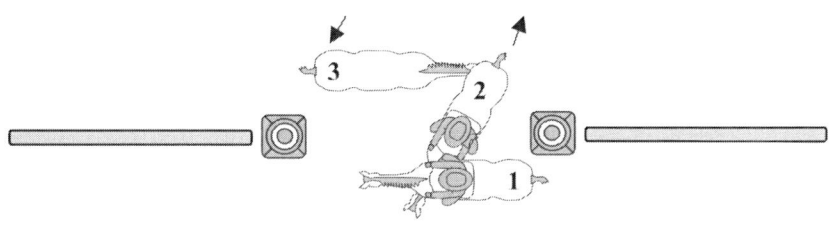

Tor **aufdrücken** und **rückwärts** durchreiten

Sollte sich eine bestimmte Bewegung noch nicht problemlos ausführen lassen (z.B. mit der Hinterhand nach rechts), empfiehlt es sich, diese Bewegung separat zu üben.

Alle Torvarianten mit Pylonen und Stangen sollen beidhändig und einhändig geübt werden. Erst dann, sollte man mit dem Pferd an ein richtiges Tor in Angriff nehmen.

Wichtig ist eine Hilfsperson, die das Tor für dich öffnet und es auch in Stellung hält, damit du es beidhändig reiten kannst. Erst, wenn das in allen Phasen problemlos geht, kannst du anfangen das Tor selbständig und einhändig zu reiten.

Reite auch andere Zäune, Bretterwände und Torelemente an und lass dein Pferd dicht neben diesen Gegenständen nur ruhig stehen.

......und der Arm ward lang und länger und der Blick ward bang und bänger.

Trail Übungspattern 1

Dies ist ein einfaches Übungspattern ohne Tor, gut geeignet für den Unterricht. Die Hindernisse sollten natürlich zuerst einzeln geübt werden.

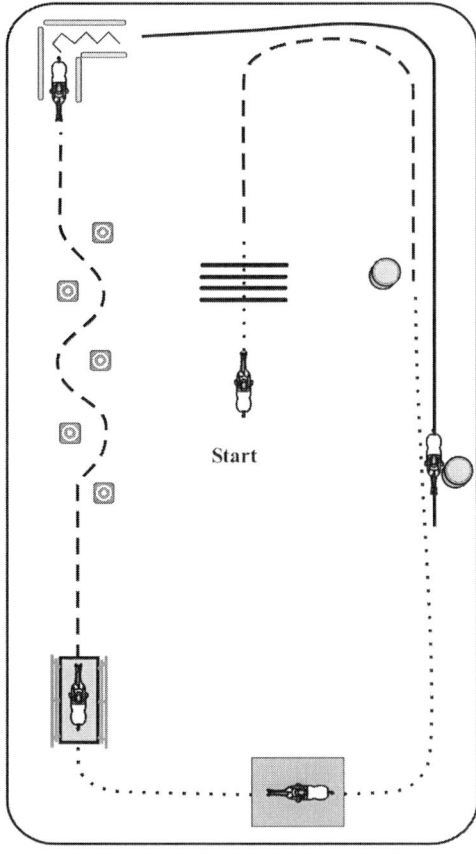

Über das Walk-Over

Im Jog zur Tonne

Stop

Gegenstand aufnehmen

Im Walk zur nächsten Tonne

Stop

Gegenstand ablegen

Im Walk über die Plane

Im Walk über die Brücke

Jog

Im Slalom durch die Pylonen

Stop

180°-Wendung

"L" rückwärts

180°-Wendung

Lope

Neben der Tonne halten

Trail Übungspattern 2

Dies ist ein gutes Pattern für Hausturniere oder Playdays, das noch kein Tor enthält, aber das Verladen des Pferdes.

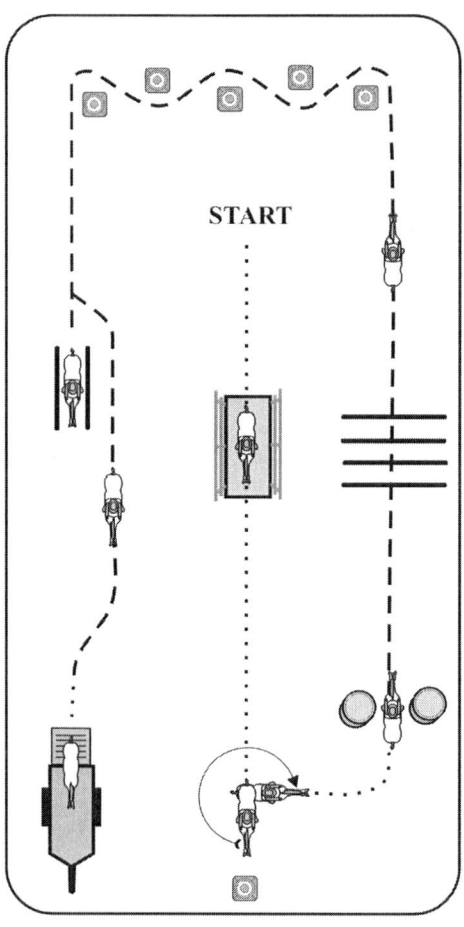

Im Schritt über die Brücke

$^3/_4$ Hinterhandwendung nach rechts

Walk

Stop zwischen den Tonnen

Gegenstand umsetzen

Jog

Jog-Over

Slalom

Zwischen den Stangen halten

Back-Up

Jog

Stop

Absteigen und das Pferd in den Anhänger führen.

Trail Übungspattern 3

Das ist ein einfaches Pattern ohne Lope, wie es auf einem D-Turnier in der LK 5 vorkommen könnte.

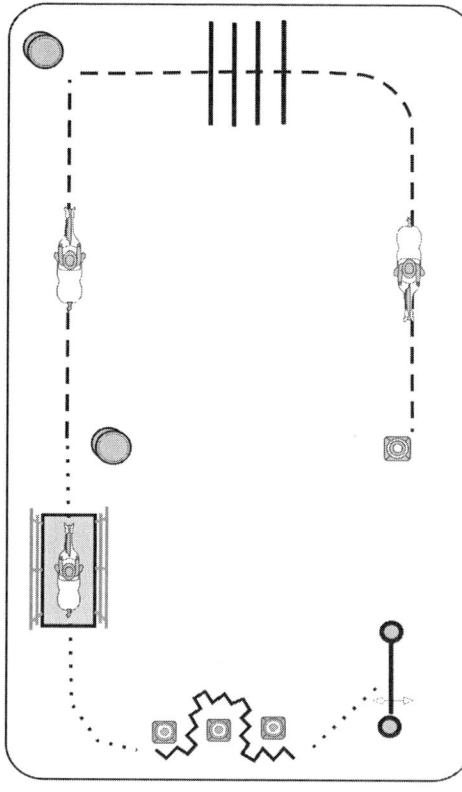

Tor öffnen, durchreiten und schließen

Walk

Rückwärts durch die Pylonen

Walk über die Brücke

An der Tonne anhalten

Gegenstand aufnehmen

Im Jog zur 2. Tonne

Anhalten

Gegenstand ablegen

Jog

Jog-Over

An der Pylone anhalten

Ground Tying (absteigen, 1 x um das Pferd laufen, wieder aufsteigen)

Trail Übungspattern 4

Das ist ein einfaches Pattern, in dem kein Lope, jedoch ein Sidepass enthalten ist.

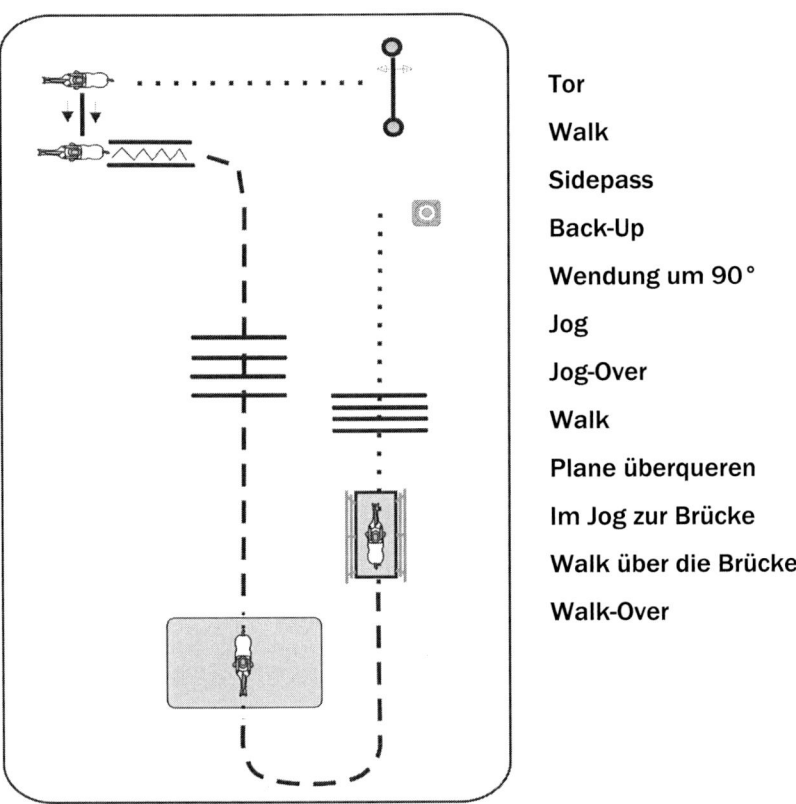

Tor

Walk

Sidepass

Back-Up

Wendung um 90°

Jog

Jog-Over

Walk

Plane überqueren

Im Jog zur Brücke

Walk über die Brücke

Walk-Over

⇨ **Wendung nach dem Back-Up: wenn die Ausführung der Wendung nicht im Pattern vorgeschrieben ist, ist es dem Teilnehmer frei gestellt, ob er eine Hinter- oder Vorhandwendung nach Links oder Rechts ausführt. Hier wäre allerdings eine Hinterhandwendung nach Links um 90° das beste Manöver.**

Trail Übungspattern 5

Dieses Pattern ist schon etwas anspruchsvoller. Interessant ist das 2. Hindernis. In dem Quadrat ("Box") wird mit Hinter- und Vorhandwendungen so gedreht, dass man nirgends anstößt. Optimal wäre eine Mittelhandwendung. Anschließend muss aus dem Stand ein Walk-Over absolviert werden.

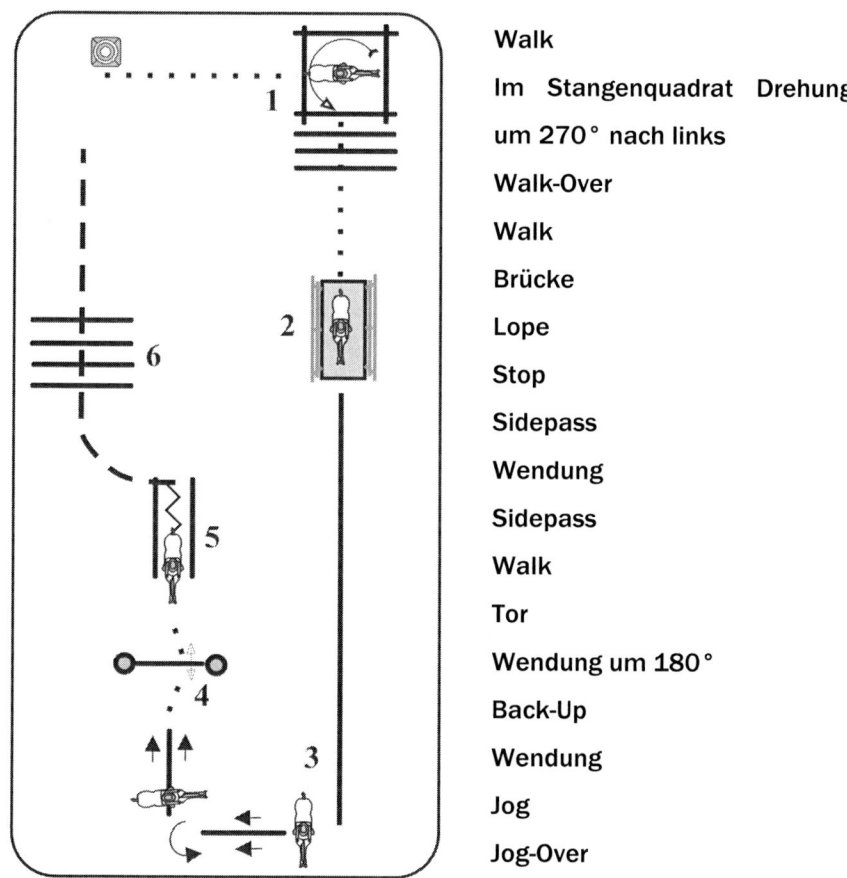

Walk

Im Stangenquadrat Drehung um 270° nach links

Walk-Over

Walk

Brücke

Lope

Stop

Sidepass

Wendung

Sidepass

Walk

Tor

Wendung um 180°

Back-Up

Wendung

Jog

Jog-Over

⇨ **Der falsche Weg zu einem Hindernis (falsche Seite einer Pylone, zusätzliche Volte etc.) führt in der Beurteilung zu einem "0"-Score.**

Trail Übungspattern 6

Hier ist ein Pattern mit Links- und Rechtsgalopp (der richtige Handgalopp ergibt sich aus der Linie) und vorgeschriebenen Hinterhandwendungen.

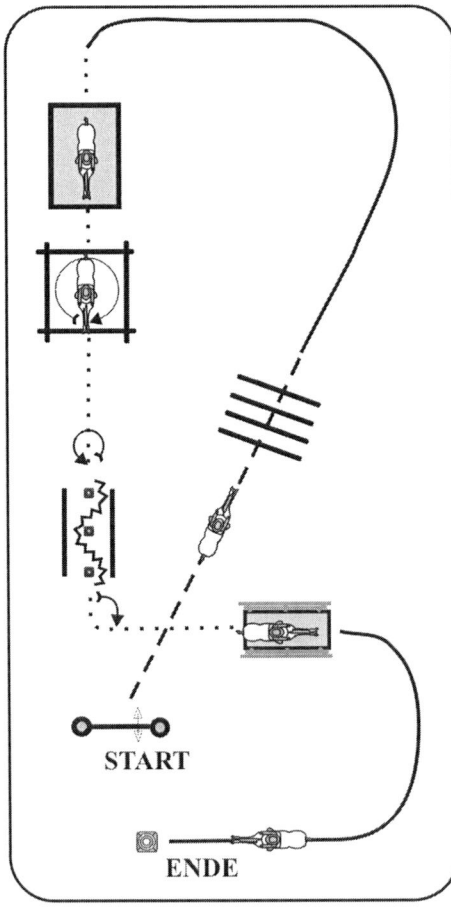

Tor

Jog

Jog-Over

Lope

Walk über die Plane

Stop im Stangenquadrat

Drehung um 360° nach rechts

Walk

Hinterhandwendung um 180° nach links

Back-Up

Hinterhandwendung um 90° nach rechts

Walk

Walk über die Brücke

Lope

Halten

Kombinationsaufgabe 1

aus Trail und Western Horsemanship

Solche Kombinationspattern sind typische Rittigkeitsaufgaben, die exaktes Reiten überprüfen. Sie sind im Training wertvoll z.B. als Vorbereitung für Jungpferdeprüfungen und man kann sie als Reiterprüfungen auf Hausturnieren verwenden.

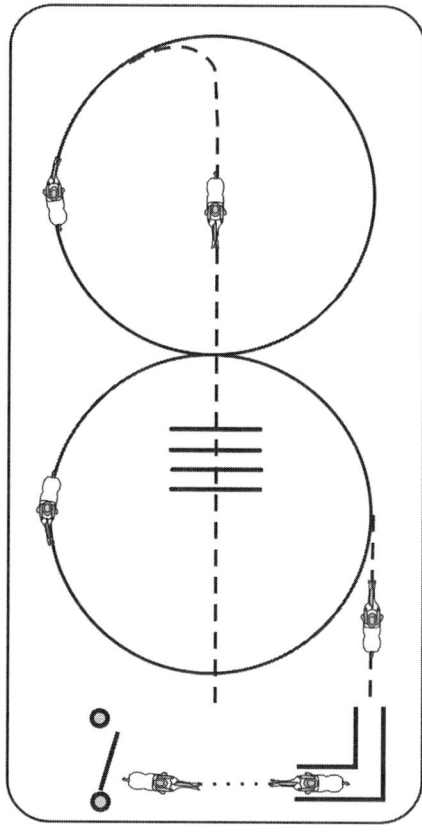

Tor vorwärts aufdrücken

Im Walk zum "L"

Hinterhandwendung nach links

Rückwärts durch das "L"

Hinterhandwendung nach rechts

Jog

1 ¼ Zirkel Linksgalopp

Einfacher oder fliegender Wechsel

1 ½ Zirkel Rechtsgalopp

Im Jog auf die Mittellinie

Jog-Over

Halten

Kombinationsaufgabe 2
aus Trail und Western Horsemanship

Dies ist ein anschauliches Kombinationspattern, das man auch auf Reitkursen und als Vorführung zeigen kann, weil es sehr typische Western-Manöver zeigt.

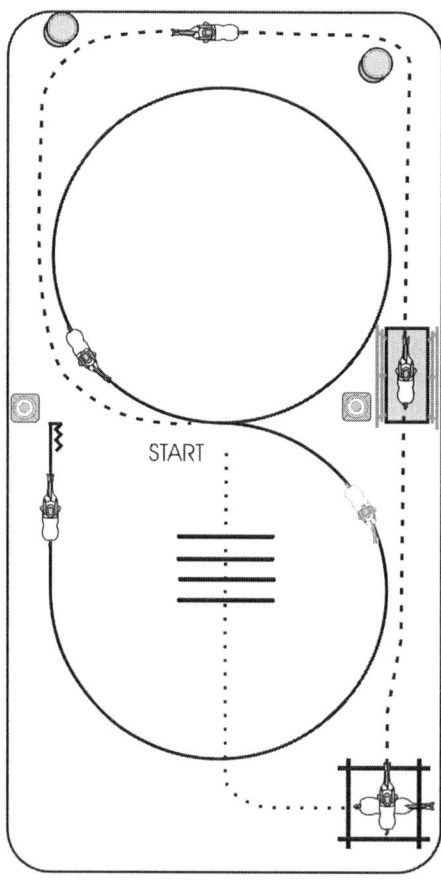

Im Walk im Mittelpunkt (X) starten

Walk-Over

Im Stangenquadrat um 270° nach rechts drehen

Jog bis zur Brücke

Walk über die Brücke

Jog bis zur 1. Tonne

Gegenstand aufnehmen

Jog zur 2. Tonne

Gegenstand ablegen

Jog bis zum Mittelpunkt

1 Zirkel Linksgalopp

Einfacher Wechsel

¾ Zirkel Rechtsgalopp

Dann geradeaus

Mitte der langen Seite halten

4 Schritte rückwärts richten

Kombinationsaufgabe 3

aus Trail und Western Horsemanship

Diese anspruchsvolle Reitaufgabe enthält recht kurze Übergänge mit wechselnden Biegungen. Man kann sie gut als Überprüfung im Reitunterricht verwenden.

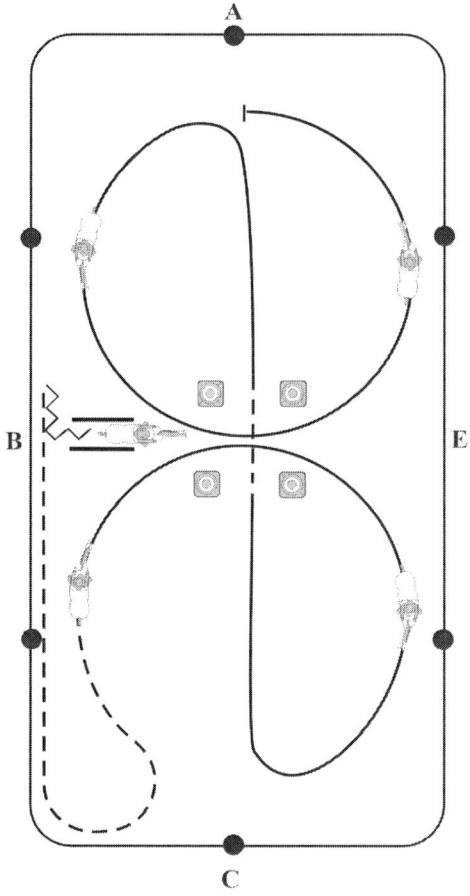

Back-Up zwischen zwei Bodenstangen und um die Ecke

Jog

Kehrvolte

¾ Zirkel Rechtsgalopp

Auf die Mittellinie gehen

Jog zwischen den Pylonen

Linksgalopp auf der Mittellinie

1 Zirkel im Linksgalopp

Stop

⇨ Reite die ganze Aufgabe zunächst nur im Jog und erst später mit dem Lope.

Organisationsformen im Western Reitunterricht

Im Western Reiten wird sehr viel in Einzelstunden unterrichtet. Das resultiert unter anderem daraus, dass die Nachfrage mancherorts nicht so groß ist, dass sie nur in Gruppen zu bewältigen wäre. Für den Anfängerunterricht und das gezielte Training fortgeschrittener Reiter mit eigenen Pferden, die an konkreten Problemen oder Ausbildungszielen arbeiten, ist der Einzelunterricht allerdings die effektivste Form.

Fortgeschrittene Reiter sollten aber durchaus gelegentlich in kleinen Gruppen (2 bis 5 Reiter) unterrichtet werden. Dies ist insbesondere für die Vorbereitung auf Turnierprüfungen wie Western Pleasure und Western Horsemanship sowie für die Reitabzeichenprüfungen wichtig. Pferde, die ausschließlich im Einzelunterricht gearbeitet werden und wohlmöglich von ihren Besitzern auf dem heimischen Platz oder auch im Gelände nur allein geritten werden, könnten evtl. auf einem Turnier in einer Gruppenprüfung unvorhersehbare Verhaltensweisen zeigen, da sie nicht gelernt haben z.B. in einer Gruppe gesittet mit gleichmäßigem Tempo zu traben oder zu galoppieren.

Beim Gruppenunterricht sollte man sich jedoch nicht auf die klassische Form des Abteilungsreitens (Hintereinander ohne Überholen) beschränken. Vielmehr sollten die Reiter auch in der Gruppe aufgefordert werden, ihr Pferd selbständig unter Einhaltung der Bahnregeln in Richtung, Gangart und Tempo zu bestimmen.

Für diese Art des Gruppenunterrichts haben sich verschiedene Organisationsformen bewährt, von denen einige Beispiele im Folgenden vorgeschlagen werden.

Dabei muss jeder Ausbilder genau überlegen, welche Organisationsform für welche Situation am effektivsten und sicher im Sinne der Unfallverhütung ist.

Hintereinanderreiten mit Überholen

Alle Teilnehmer der Gruppe reiten hintereinander auf einer Hand (in einer Richtung). Ist ein Pferd in der betreffenden Gangart schneller als andere, dann sollte der Reiter spätestens eine Pferdelänge hinter dem nächsten Pferd nach innen ausweichen und in einem Sicherheitsabstand von ca. 2,5 Meter an dem Pferd vorbeireiten. Beim Wiedereinscheren auf die Hufschlaglinie sollte das frühestens eine Pferdelänge vor dem anderen Pferd geschehen.

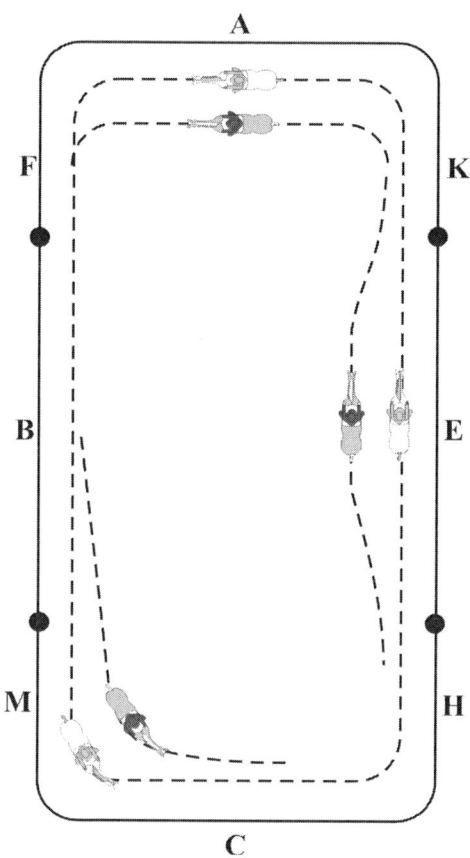

Durcheinanderreiten nach Bahnregeln

Beim **Durcheinanderreiten** reiten die Teilnehmer auf verschiedenen Händen, in verschiedene Richtungen und auch in unterschiedlichen Gangarten. Dafür ist schon eine etwas fortgeschrittenere Reitergruppe notwendig.

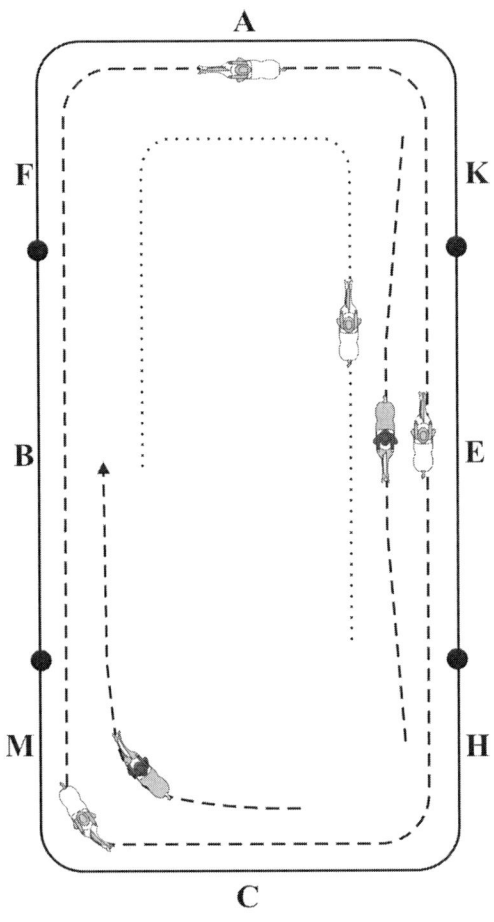

Die Bahnordnung ist wie im Straßenverkehr ein Rechtsverkehr. Man reitet rechts. Reiter auf der linken Hand bleiben auf dem Hufschlag. Die Reiter auf der rechten Hand weichen nach innen aus.

Reiter auf der rechten Hand können auch dauernd auf dem 2. Hufschlag bleiben.

Länger im Schritt Reitende sollen weit nach innen gehen.

Durcheinanderreiten nach Bahnregeln

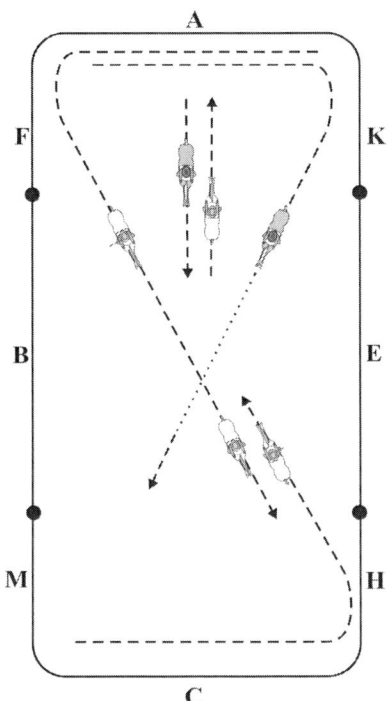

Begegnen sich Reiter auf kreuzenden Linien dann gilt:
Rechts vor Links, wie im Straßenverkehr an einer Kreuzung.

Begegnen sich Reiter auf einer Linie, dann reiten sie rechts aneinander vorbei, wie auf der Straße.

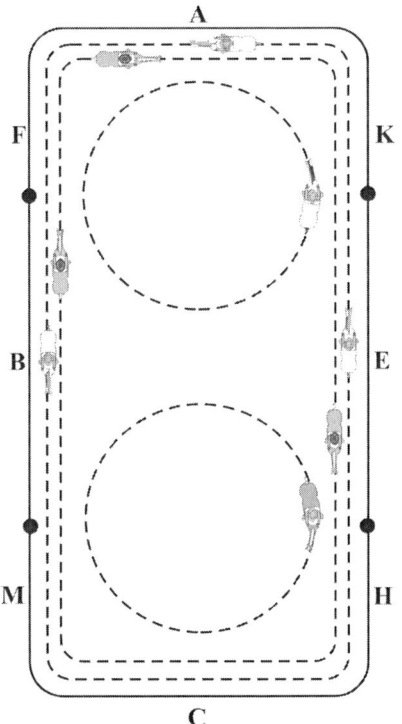

Zirkel sind so anzulegen, dass alle Reiter auf der ganzen Bahn freien Hufschlag haben (auch bei Ausweichmanövern).

Das heißt gleichzeitig:
Die Reiter auf der ganzen Bahn sollen nicht die Zirkellinien schneiden. Befinden sich Reiter auf den Zirkeln, so darf nicht durch die ganze Bahn oder durch die Länge der Bahn gewechselt werden.

Gruppenreiten mit Einzelaufgaben

Beim **Gruppenunterricht mit Einzelaufgaben** befindet sich die Gruppe im Allgemeinen auf einer Hand und in einer Gangart, aber ein einzelner Reiter bekommt eine Extra-Aufgabe und befindet sich vielleicht auf einer eigenen Bahnlinie (z.B. einem Zirkel). Das kann auch bedeuten, dass ein einzelner Reiter auf der einen Hälfte der Reitbahn an die Longe genommen wird und der Rest der Gruppe auf der anderen Hälfte im Walk oder Jog reitet. Es kann aber auch sein, dass alle Teilnehmer in der Mitte aufgereiht stehen (Line-Up) und ein Teilnehmer galoppiert auf der ganzen Bahn.

Der Reitlehrer lässt einen Reiter auf einem Zirkel arbeiten, die übrigen gehen auf dem Hufschlag.

Der Reitlehrer hat sich hier außerhalb des Zirkels positioniert. Vorteil dieses Standpunkts ist, dass er den Sitz des Zirkelreiters von außen und von innen sehen kann.

Gruppenreiten mit Einzelaufgaben

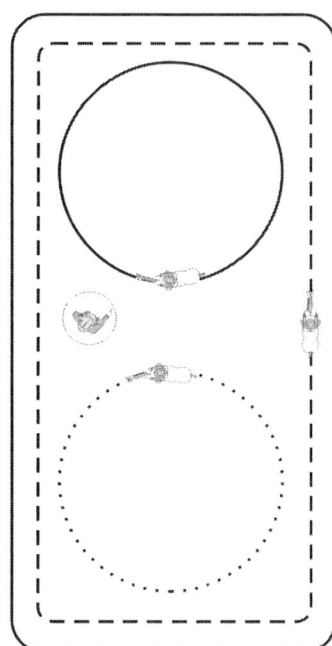

Hier arbeitet ein Reiter auf der ganzen Bahn im Jog, ein Reiter auf einem Zirkel im Schritt und ein Reiter auf einem Zirkel im Galopp.

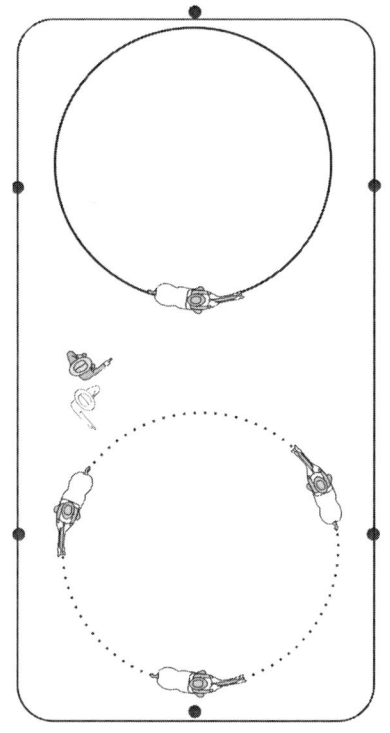

Der Ausbilder lässt einen Reiter auf einem Zirkel arbeiten, die übrigen gehen im Schritt auf dem anderen Zirkel.

Da der Ausbilder für das gesamte Geschehen in der Bahn verantwortlich ist, muss er auch die Reiter hinter sich im Blick haben und auch dorthin Korrekturen geben können.

Gruppenreiten mit Einzelaufgaben

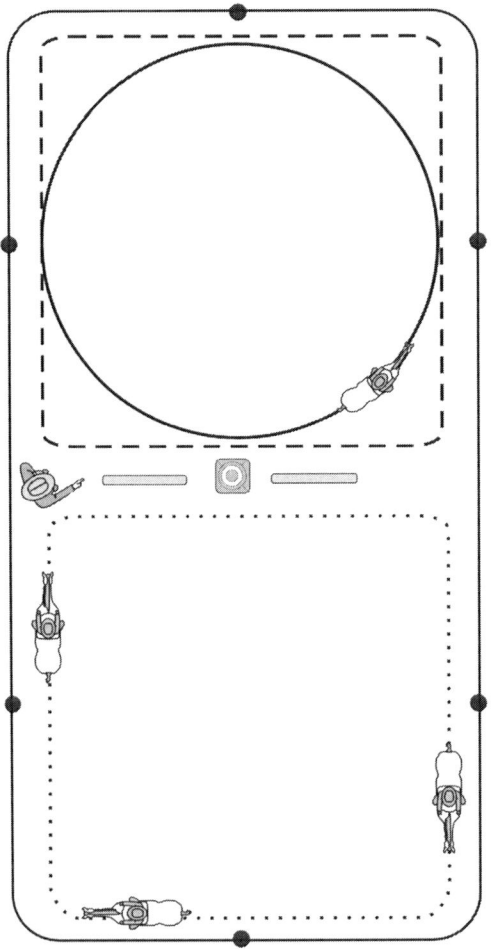

Man teilt die Reitbahn in zwei gleichgroße Vierrecke (die "halbe Reitbahn"), die optisch von einander getrennt werden.

Auf der einen Seite befindet sich das "aktive" Viereck oder der "aktive" Zirkel.

Auf der anderen Seite sind die Reiter in der "Warteschleife" bzw. Reiter, die an einfachen, langsamen Übungen arbeiten.

Übungen im Gelände – Überholen der Gruppe

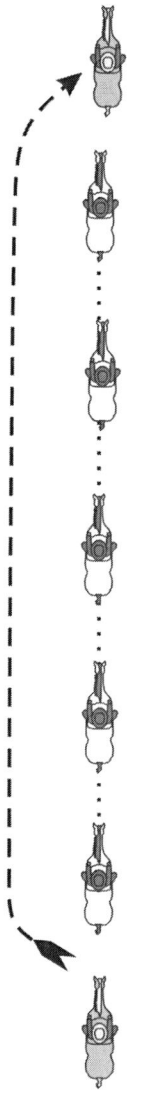

Eine Übung auf Feld- und Waldwegen:

Die ganze Gruppe reitet hintereinander im Schritt auf der rechten Seite. Der letzte überholt links im Trab, geht an der ganzen Gruppe vorbei und setzt sich an die Spitze. Dann gibt er das Kommando "der nächste bitte" nach hinten durch und der letzte Reiter reitet wieder nach vorne, usw.

Wenn es damit keine Probleme mehr gibt, geht die ganze Gruppe in den Jog und der letzte überholt im Galopp.

⇨   Solche Aufgaben werden gerne bei Reitabzeichen-Prüfungen verlangt.

Von der Gruppe weg galoppieren

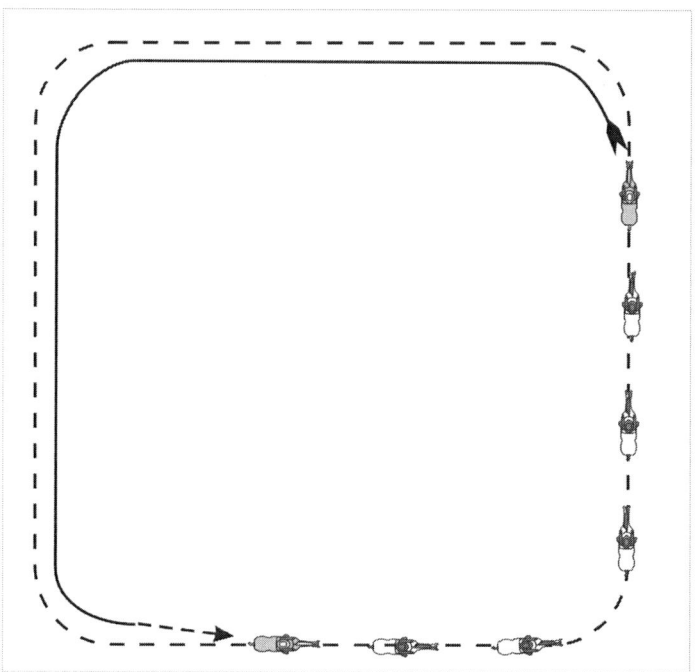

Übung auf einer Koppel oder einem Stoppelfeld:

Die ganze Gruppe trabt hintereinander um die Koppel. Der vorderste Reiter löst sich von der Gruppe, reitet eine ganze Runde im Galopp, geht rechtzeitig in den Trab und schließt sich wieder hinten an. Dann der nächste, usw.

⇨ **Solche Aufgaben werden ebenfalls gerne bei Reitabzeichen-Prüfungen verlangt.**

Der Gruppe entgegen reiten

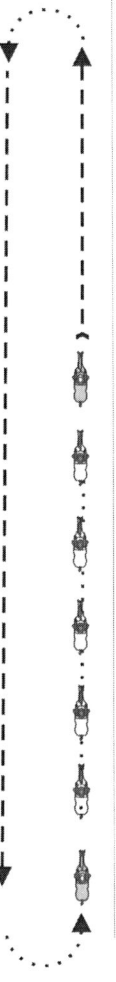

Übung auf Feld- oder Waldwegen :

Die ganze Gruppe reitet hintereinander im Schritt. Der erste Reiter löst sich im Trab von der Gruppe und reitet ca. 50 m voraus. Dann wendet er und trabt zurück, an der Gruppe vorbei, wendet wieder und schließt sich hinten an.

⇨ Natürlich ist dies nur eine Übung innerhalb einer Gruppe. Anderen Reitern sowie auch Fußgängern begegnet man im Gelände stets im Schritt.

Trennen einer Gruppe

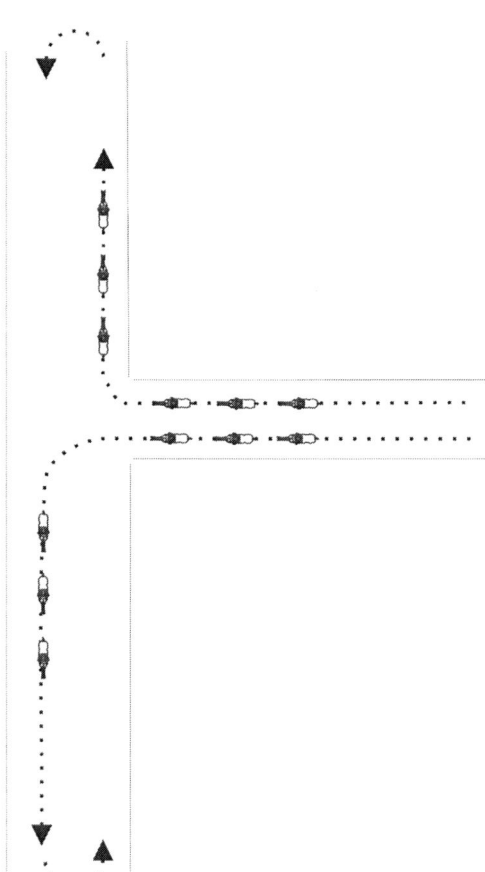

Die Gruppe reitet auf einem Feldweg paarweise im Schritt. An einer T-Kreuzung trennen sich die Paare und die beiden Hälften der Gruppe reiten hintereinander in verschiedene Richtungen.

Nach ca. 100 Metern kehren alle um und kommen wieder zusammen.

Natürlich kann man nach dem Trennen auch traben oder galoppieren.

Strassenüberquerung 1

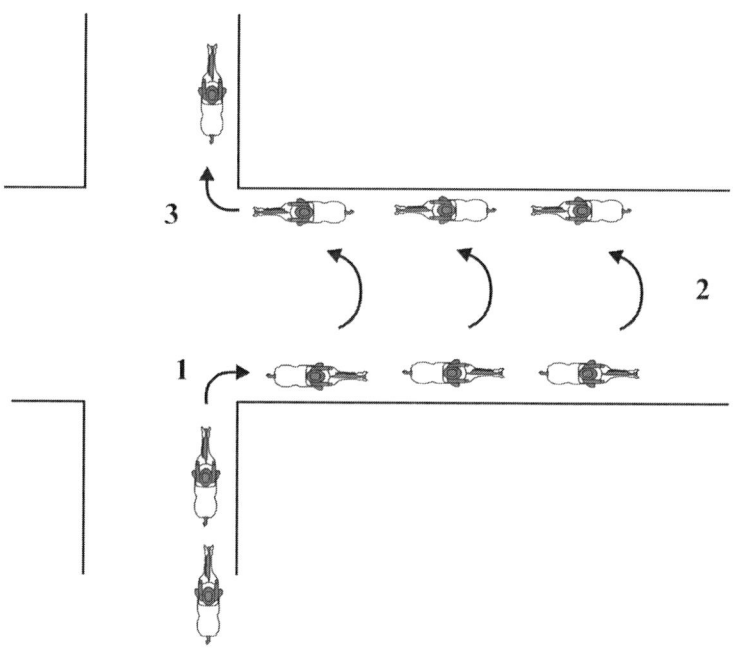

Überqueren einer Hauptverkehrsstraße:

Hintereinander nach rechts abbiegen.
Wenn die Straße frei ist: "Links um kehrt".
Dabei überqueren alle die Straße gleichzeitig.
Hintereinander nach rechts abbiegen.

Strassenüberquerung 2

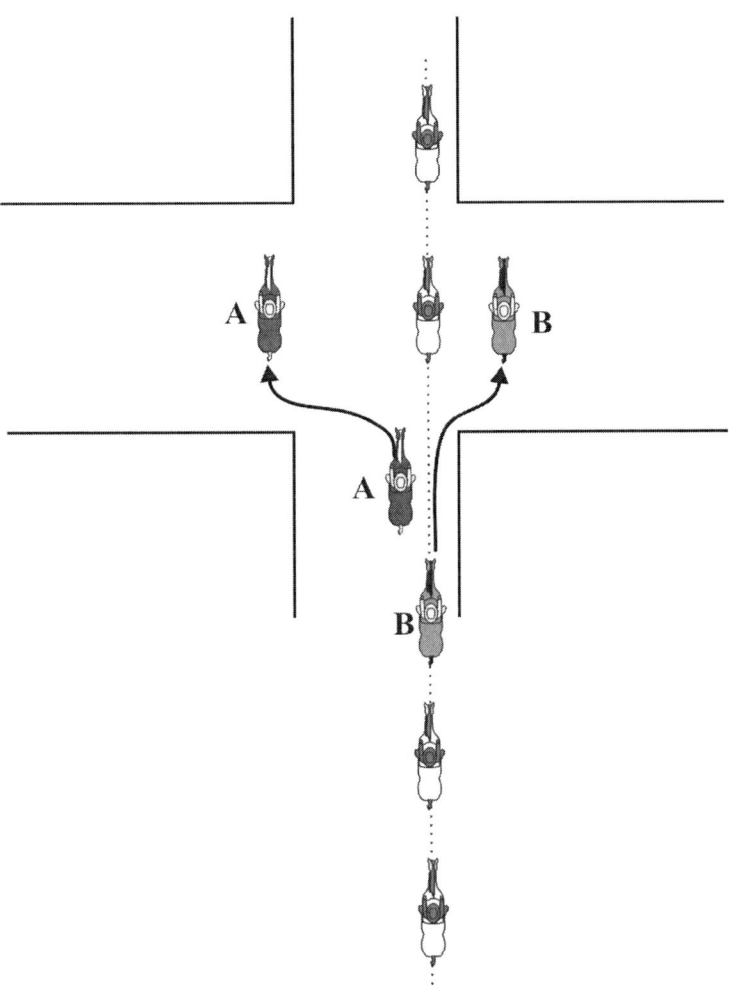

Die ersten beiden Reiter (A und B) sperren die Straße ab („Sichern die Flanken"). Die übrigen Reiter überqueren die Straße. Die ersten beiden schließen wieder auf.

Reiten auf Landstraßen

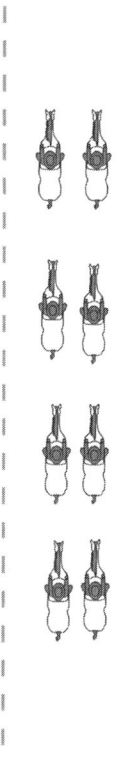

Auf stark befahrenen Landstrassen reitet eine Gruppe am besten paarweise in einem Reiterverband. Dieser Verband darf nicht länger als 25 m sein. Mit 8 bis 10 Pferden, die paarweise gehen, geht das gut.

Rechnet man 3 m für ein Pferd, plus mindestens 2 m Abstand voneinander, ergeben sich bei 8 Reitern 18 bis 20 m. Mit 10 Pferden sind es 23 bis 25 m.

⇨ Durch das paarweise reiten im Verband werden die Autofahrer gezwungen, richtig zu überholen, indem sie auf die Gegenfahrbahn ausweichen. Befinden sich die Reiter am rechten Fahrbahnrand hintereinander, so überholen manche Autofahrer, obwohl Fahrzeuge entgegenkommen und drängen die Reiter auf diese Weise an den Fahrbahnrand. Außerdem sind die Pferde nebeneinander ruhiger.

Linksabbiegen auf Landstraßen

Ein Reiterverband biegt nach links ab, wie ein langes Fahrzeug.

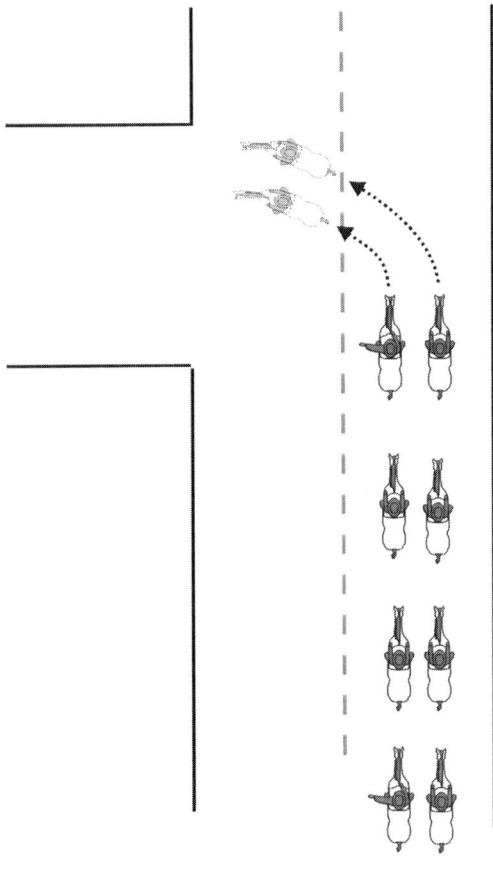

Der Gruppenleiter (vorne links) lässt halten und streckt seinen linken Arm aus.

Der letzte Reiter links streckt ebenfalls den linken Arm aus.

Der Gruppenleiter ruft nach hinten: „Hinten frei?"

Der letzte Reiter schaut sich um und ruft, wenn es soweit ist, „Ist frei!"

Alle Reiter biegen zügig im Verband ab.

Solche Manöver sollten mit der Ausreit-Gruppe vorher in der Bahn und auf wenig befahrenen Wegen geübt werden.

…… und bei allem Übungseifer nicht vergessen:

Pferde müssen auch mal relaxen !

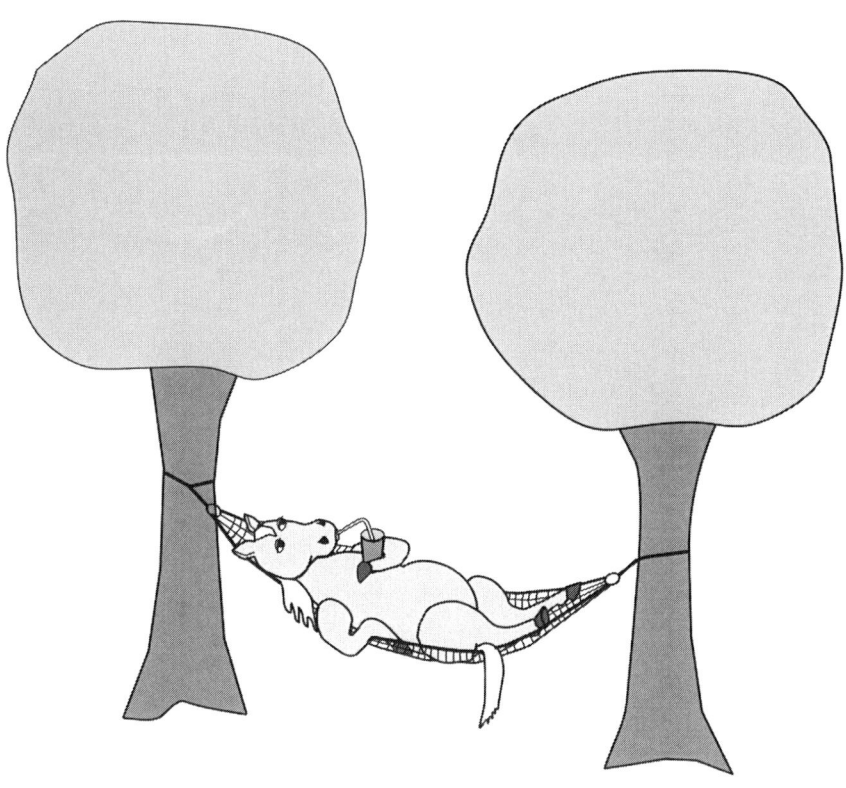

Reitsportbücher aus dem Buffalo Verlag

Ein Buch, das jeder Trailreiter im Bücherschrank haben sollte

Trail-Training – Ute Tietje

Vom Playday bis zur Meisterschaft
220 Seiten – gebunden
240 Grafiken aus der Reiterperspektive
ISBN 978-3-9813009-7-0 – Buffalo Verlag 2014 – 24,90 €

Nicht nur das furchtlose, aufmerksame Herangehen an ein Hindernis zählt, sondern auch die Technik, die Auswirkungen auf die Präzision und Geschwindigkeit bei den Abläufen hat. Mit 240 Graphiken aus der Reiterperspektive auf 220 Seiten lädt das Buch ein, sich diese Fertigkeiten anzueignen. Egal ob als Trail-Anfänger auf einem Playday oder bereits auf einem Meisterschafts-Level, der die Bewältigung der anspruchsvollen, von Tim Kimura kreierten Trails verlangt. Ein vielfältiges Spektrum der Verwendungsmöglichkeiten einzelner Hindernisse soll dazu anregen, sich für jeden Level individuellen Bedürfnissen folgend, die richtigen Übungen zusammenzustellen.

Den vielen hilfreichen allgemeinen Trail-Tipps am Anfang des Buches folgen in verschiedenen Gangarten zu überreitende Stangenhindernisse, Steuerungshindernisse jeder Art, Schreckhindernisse sowie diverse andere Hindernisse. Mit Skizzen aus der Reiterperspektive wird bei den zu reitenden Manövern gut verständlich erklärt, wie Fehler vermieden und die Hindernisse trainiert werden können, um sie problemlos zu bewältigen. Der Reiter wird dort abgeholt, wo er mit seinem Pferd trainingsmäßig steht und kann sich und sein Pferd so optimal steigern.

Im Slalom über Stangen

Einfädeln zwischen Stangen

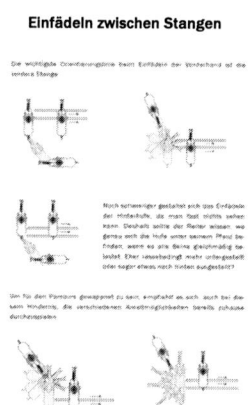

Der Fächer

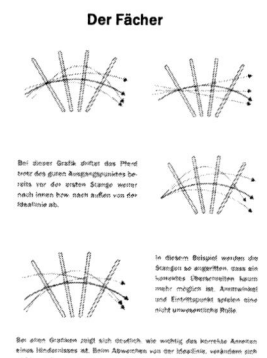

100 Übungen für Westernreiter – Band I

Hubertus Ott

108 Seiten – mehr als 100 Graphiken – ISBN 978-3-9809141-2-3
Buffalo Verlag, Verden, 5. Auflage 2019 – 18,90 €

Die Übungen dieses Buches sind in aufsteigendem Schwierigkeitsgrad geordnet, um das Training methodisch organisieren zu können. Klar und verständlich werden die Übungen anhand von Graphiken erklärt, so dass jeder seine Trainingsarbeit abwechslungsreich gestalten kann. Zusätzlich zu Übungen zur Rittigkeit (Übergänge, Gymnastizierung usw.) sind auch allgemeine Horsemanship- und Trailaufgaben enthalten sowie für das Westernreitabzeichen in Bronze Horsemanship- und Geländeaufgaben.

100 Übungen für Westernreiter – Band II

Hubertus Ott und Philipp Martin Haug

144 Seiten – ca. 150 Graphiken – ISBN 978-3-9809141-9-2
Buffalo Verlag, Verden, 4. Auflage 2021 – 19,90 €

Die Übungen dieses zweiten Bandes, die wie in Band I aus der Praxis entstanden sind, richten sich mit ihren anspruchsvolleren Lektionen an den bereits fortgeschrittenen Westernreiter. Sie geben wertvolle Tipps zum Ausbildungs- und Trainingskonzept für das tägliche Training. Hauptthemen sind Übungen zur Gymnastizierung, Galopparbeit, zu fliegenden Wechseln, Stopps und Spins.

100 Übungen für Freizeit- und Turnierreiter

Aus der Praxis für die Praxis – Hubertus Ott und Ute Tietje

128 Seiten – ca. 150 Grafiken – ISBN 978-3-98113009-0-1
Buffalo Verlag, Verden, 5. Auflage 2020 – 18,90 €

Auch im klassischen Reitsport ebnet nur stetes Training den Weg zu entspannten Ausritten und zu guter Leistung im Turniersport. Kreative Übungen erhalten die Aufmerksamkeit des Pferdes und motivieren es zur Mitarbeit. Ziel ist es, durch inspirierende Übungen für individuelles Training ohne Langeweile für Pferd und Reiter Korrektheit und Gelassenheit bei der Aufgabenbewältigung zu erreichen.

Lexikon Westernreiten

Praxiswissen von A – Z – Ute Tietje

180 Seiten – weit über 100 Grafiken - ISBN 978-3-9468604-9-5
Buffalo Verlag, Verden, 2. aktualisierte Auflage 2019 – 19,90 €

Aktuelles Wissen rund um den Westernreitsport für Turnier- oder Freizeitreiter ergänzt durch zahlreiche Fotos und Grafiken. Mit mehr als 1.500 Begriffen von „A" wie Appaloosa bis „Z" wie Zero Score und seinen zahlreichen Querverweisen rund um den Westernreitsport lässt dieses Werk keine Frage offen.

Weitere Informationen finden Sie hier:

www.buffalo-verlag.de

Kochbücher und mehr aus dem Buffalo Verlag

Die Autorin und Journalistin Ute Tietje, eine begeisterte Fotografin und langjährige erfolgreiche Westerntrainerin, bereiste seit 1991 bis heute für ihre verschiedenen Bücher und Artikel in Magazinen teilweise mehrmals im Jahr den nordamerikanischen Kontinent. Insbesondere den Südwesten der USA. Sie verbrachte zudem einen großen Teil des Jahres 2007 in Kanada.

Auf diesen Touren sammelte sie bei unzähligen Kontakten und Einladungen bei der gastfreundlichen Bevölkerung auf Ranches, bei den Nachfahren der Ranch- und Trailköche, in kleinen familiengeführten Restaurants oder auch bei den Ureinwohnern die häufig noch aus Pionierzeiten überlieferten Rezepte.

Die Recherche für alle Bücher der Autorin erfolgt immer vor Ort. So gehörten im Hinblick auf weitere Werke – darunter auch Belletristik – seit 1999 neben Andalusien weltweit viele andere Regionen zu ihren Reisezielen.

Cowboy- und Ranchküche – Ute Tietje

Cowboy- und Ranchküche des mittleren Südwestens
212 Seiten – ISBN 978-3-9468600-3-7
Buffalo Verlag, Verden 2020 – 19,90 €

Die Cowboy-, Ranch- und Chuck Wagon-Küche hat viele Facetten, je nachdem, wo, wann und für wen welches Gericht zubereitet wurde. Außer zu bestimmten Anlässen, zu denen es teilweise recht arbeits- und zeitaufwändige Gerichte gab, überwog eine dem Alltag angepasste, unkomplizierte Küche.

Die zumeist mehr als 100 Jahre alten Rezepte wurden von Cowboys, Ranch-Köchen, Rancherfrauen und den ersten Restaurantbesitzern der damaligen Zeit an ihre Nachkommen weitergegeben. Das Kochbuch ist eine kulinarische Reise in die Vergan-genheit von Texas, Oklahoma und New Mexiko, deren Geschichte und Besiedlung sehr unterschiedlich verlief.

Texas-BBQ – Ute Tietje

Grillen wie die Rancher und Cowboys
112 Seiten – ISBN 978-3-946860-40-2
Buffalo Verlag, Verden – 4. Auflage 2018 – 12,90 €

BBQ hat in Texas Tradition und wird ganzjährig zu vielen Gelegenheiten mit verschiedenen Grillmethoden zelebriert. Neben dem Hauptgrillgut bietet dieses Kochbuch nicht nur hundert Jahre alte Rezepte für Rubs, Marinaden und BBQ-Saucen, sondern auch die beliebten Beilagen und Getränke, ohne die ein zünftiges Texas-BBQ nicht denkbar ist.

Indian Cooking – Ute Tietje

Indianische Küche des Südwestens und der Plains
108 Seiten – ISBN 978-3-9809141-1-6
Buffalo Verlag, Verden – 5. Auflage 2010 – 11,90 €

Trotz der leidvollen Vertreibungsgeschichte der einzelnen Indianerstämme bei der Eroberung ihres Lebensraumes durch europäische Siedler haben die überlebenden Stämme ihre Kultur nicht nur teilweise bewahrt, sondern pflegen sie heute wieder mit angemessener Würde und Stolz. Zu ihrer Kultur gehören die traditionellen Gerichte ihrer Vorfahren, die noch heute sowohl zuhause, wie auch auf Familienfeiern und insbesondere auf Pow-Wows zubereitet werden.

Kanadische Küche – Ute Tietje

Kulinarisches Erbe der Pioniere und Indianer Ontarios
112 Seiten – ISBN 978-3-9809141-5-4
Buffalo Verlag, Verden – 3. Auflage 2018 – 12,90 €

Bodenständig, naturnah und gesund präsentiert sich die Küche Ontarios. Mussten die britischen und französischen Pioniere in den Anfängen ihre Essgewohnheiten zunächst noch dem einfachen Leben in der Wildnis anpassen, entwickelte sich allmählich aus den Gerichten der indianischen Ureinwohner und Einwanderer eine vielfältige Küche. Viele Gerichte können statt am heimischen Herd auch auf oder in einem Grill, im Dutch Oven oder zum Teil am Lagerfeuer zubereitet werden.

Nordamerika vegetarisch – Ute Tietje

Kulinarisches Erbe der Pioniere und Indianer
112 Seiten – ISBN 978-3-946860-43-3
Buffalo Verlag, Verden – 2. Auflage 2018 – 12,90 €

Die Einwanderer aus der Alten Welt mussten ihre Essgewohnheiten den harten Bedingungen des neuen Kontinents anpassen und auch bei den Indianern waren vegetarische Gerichte verbreiteter, als man annehmen möchte; selbst bei den nomadischen Jägerstämmen. Vielfältig und naturnah zeigen sich die überlieferten Rezepte aus der Küche der Pioniere und Indianer – vom Frühstück bis zur Nachspeise –, nach denen ihre Nachkommen noch heute die Mahlzeiten zubereiten.

Andalusische Küche – Ute Tietje

Iberische Köstlichkeiten mit maurischem Erbe
108 Seiten – ISBN 978-3-9809141-4-7
Buffalo Verlag, Verden – 2. Auflage 2010 – 11,90 €

Die mediterrane Küche des Südwestens der iberischen Halbinsel, beeinflusst von den Mauren, hat die andalusische Esskultur geprägt. Die Speisen in Andalusien sind – den warmen Temperaturen angemessen – zumeist leicht und gut bekömmlich. Der Einfluss des Orients ist in vielen Gerichten spürbar. Die Mauren kombinierten auf kreative Weise Fleisch und Fisch mit Früchten, Kräutern, Nüssen, aber auch scharfen Gewürzen. So gehören Beigaben von Mandeln, zerstoßenen Nüssen, Pistazien, Pinienkernen, Korinthen, Feigen, Melonen, Orangen und anderen Früchten, ja selbst Schokolade zu Fisch- und Fleischgerichten zu ihrem Erbe.

Camping-Kochbuch – Ute Tietje

210 leckere Rezepte schnell und einfach zubereiten
160 Seiten – 190 Farbbilder – 13 Tabellen – ISBN 978-3-9468600-0-6
Buffalo Verlag, Verden 2019 – 19,90 €

Ob mit dem Zelt, Mini-Camper oder Wohnwagen unterwegs – in diesem Rezeptbuch ist für jeden Outdoor-Fan etwas dabei. Die altbewährten Rezepte aus der Küche der Pioniere und Indianer Nordamerikas eignen sich perfekt für das Kochen in der freien Natur. Vom leckeren Frühstück über den Eintopf, Gegrilltem mit vielfältigen Beilagen bis hin zu köstlichen Kuchen aus der Pfanne für zwischendurch ist alles zu finden. Schnell und frisch mit einfach zu beschaffenden Zutaten zubereitet, ohne viel Firlefanz und trotzdem abwechslungsreich.

Geschenke-Shop der Country- und Westernszene seit 2001

In der ersten Western Art Gallery Deutschlands finden Sie Bilder von bekannten Western Art Künstlern aus den USA, deren Originale teilweise in bedeutenden Museen der USA ausgestellt sind. Das kunsthandwerkliche Angebot der Galerie bietet viele Gegenstände mit Western-motiven, indianischen Motiven, Bisons, Wölfen, Pferden und anderem.

Windlichter, Teelichter, Wandhaken, Visitenkartenhalter, Glas und Keramik und vieles mehr steht bereit, um Ihr Heim zu verschönern.

Werke von Charles Russell, Frederic Remington, Orren Mixer, Tim Cox, Jody Bergsma, Oscar Berning-

gham, Larry Fanning, Milton Lewis, und vieler anderer, sowie auch in Deutschland nicht so bekannter indianischer Künstler, sind als Print oder mit Passepartout versehen oder auch als gerahmtes Bild vorrätig.

Pferde- und Wolfsliebhaber sowie die Freunde des amerikanischen Bisons haben eine reichhaltige Auswahl in den verschiedensten Bildgrößen. Bilder aus dem Leben und der Arbeit der Cowboys, der Geschichte des Landes und insbesondere Bilder aus dem Leben und der Mythologie der Indianer, aber auch die Darstellung landschaftlicher Schönheit. Und „last not least" gehört auch Southwestern Art zum Spektrum der Galerie.

Nicht nur der private Liebhaber, sondern auch Besitzer von Saloons, Reiter-stuben oder Restaurants mit Westernflair sind begeistert über die Vielfalt des Angebots.

Wir haben etwa 300 Prints verschiedener Größen, Prints im Passepartout fertig für ihren eigenen Rahmen und gerahmte Bilder in Größen von 13 x 18 bis 60 x 80 cm vorrätig. Viele der Bilder und kunsthandwerklichen Objekte sind Einzelstücke.

Wir haben keine festen Geschäftszeiten, da wir viel unterwegs sind und bitten daher um telefoni-sche oder anderweitige Terminabsprache, wenn Sie uns besuchen möchten, um nach einem spezi-ellen Objekt zu suchen oder die Bilder sowie andere Objekte in Natura zu sehen.

www.butterflysvision.de